저자

김기훈   現 ㈜ 쎄듀 대표이사
　　　　現 메가스터디 영어영역 대표강사
　　　　前 서울특별시 교육청 외국어 교육정책자문위원회 위원

저서　천일문 / 천일문 Training Book / 초등코치 천일문
　　　　천일문 GRAMMAR / 왓츠 Grammar / 패턴으로 말하는 초등 필수 영단어
　　　　Oh! My Grammar / Oh! My Speaking / Oh! My Phonics
　　　　EGU 〈영단어&품사 · 문장 형식 · 동사 · 문법 · 구문〉/ 어휘끝 / 어법끝 / 거침없이 Writing / 쓰작
　　　　리딩 플랫폼 / 리딩 릴레이 / Grammar Q / Reading Q / Listening Q 등

쎄듀 영어교육연구센터
쎄듀 영어교육센터는 영어 콘텐츠에 대한 전문지식과 경험을 바탕으로
최고의 교육 콘텐츠를 만들고자 최선의 노력을 다하는 전문가 집단입니다.
장혜승 선임연구원 · **김지원** 전임연구원

마케팅　　　콘텐츠 마케팅 사업본부
영업　　　　문병구
제작　　　　정승호
인디자인 편집　올댓에디팅
디자인　　　쎄듀 디자인팀
일러스트　　전병준, 연두, 김청희
영문교열　　Stephen Daniel White

왓츠
리딩
What's Reading

Words
90 B

영어 독해력, 왜 필요한가요?

대부분 유아나 초등 시기에 처음 접하는 영어 읽기는 영어 동화책 중심입니다.
아이들이 영어에 친숙해지게 하고, 흥미를 가지게 하려면 재미있는 동화나 짧은 이야기,
즉 '픽션' 위주의 읽기로 접근하는 것이 좋은 방법이기 때문입니다.

그러나 학년이 높아짐에 따라 각종 시험에 출제되는 거의 대부분의 지문은 **유익한 정보나 지식,
교훈 등을 주거나, 핵심 주제를 파악하여 글쓴이의 관점을 이해하는 것이 필요한 '논픽션' 류**입니다.
초등 영어 교육 과정 또한 실용 영어 중심이다 보니, 이러한 다양한 지문을 많이 접하고 그 지문을 이해하는
능력을 기를 수 있는 기회가 사실 많지는 않습니다.

하지만 수능 영어의 경우, 실용 영어부터 기초 학술문까지 다양한 분야의 글이 제시되므로, **사회과학, 자연과학,
문학과 예술 등 다양한 소재에 대한 배경지식을 기르는 것이 매우 중요**하며, 지문을 읽고 핵심 주제와 글의 흐름을
파악해 문제를 풀 수 있는 능력, 즉 영어 독해력이 요구됩니다.

<왓츠 리딩> 시리즈는 아이들이 영어 읽기에 대한 흥미를 계속 유지하면서도, 논픽션 읽기에 자신감을 얻을 수
있도록, 챕터별로 **픽션과 논픽션의 비율을 50:50으로 구성**하였습니다. 각 챕터를 하나의 공통된 주제를 기반으로
한 지문 4개로 구성하여, **다양한 교과과정의 주제별 배경지식과 주요 단어**를 지문 내에서 자연스럽게 습득할 수
있도록 했습니다.

🔍 환경 관련 주제의 초등 ▸ 중등 ▸ 고등 지문 차이 살펴보기

같은 주제의 지문이라 하더라도, 픽션과 논픽션은 글의 흐름과 구조가 다르고, 사용되는 어휘가 다를 수 있습니다.
또한, 어휘의 난이도, 구문의 복잡성, 내용의 추상성 등에 따라 독해 지문의 난도는 크게 차이가 날 수 있습니다.

초등 초6 'ㅊ' 영어 교과서 지문 (단어 수 83)

> The earth is sick. The weather is getting warmer. The water is getting worse.
> We should save energy and water. We should recycle things, too.
> What can we do? Here are some ways.
> · Turn off the lights.
> · Don't use the elevators. Use the stairs.
> · Take a short shower.
> · Don't use too much water. Use a cup.
> · Recycle cans, bottles and paper.
> · Don't use a paper cup or a plastic bag.
> Our small hands can save the earth!

초등 교과 과정에서는
필수 단어 **약 800개**
학습을 권장하고 있습니다.

중등 **중1 'ㄷ' 영어 교과서 지문** (단어 수 197)

Today I'm going to talk about three plastic bottles. They all started together in a store. But their lives were completely different.

A man came and bought the first bottle. After he drank the juice, he threw the bottle in a trash can. A truck took the bottle to a garbage dump. The bottle was with other smelly trash there. The bottle stayed on the trash mountain for a very long time. (중략)

A little boy bought the third bottle. The boy put the empty bottle in a recycling bin. A truck took the bottle to a plastic company. The bottle became a pen. A man bought it and he gave it to his daughter. Now it is her favorite pen!

What are you going to do with your empty bottles? Recycle! The bottles and the world will thank you for recycling.

> 중등 교과 과정에서는 **약 1,400개의** 단어를 익혀야 합니다.

고등 **수능 기출 문제** (단어 수 149)

22. 다음 글의 요지로 가장 적절한 것은?

Environmental hazards include biological, physical, and chemical ones, along with the human behaviors that promote or allow exposure. Some environmental contaminants are difficult to avoid (the breathing of polluted air, the drinking of chemically contaminated public drinking water, noise in open public spaces); in these circumstances, exposure is largely involuntary. Reduction or elimination of these factors may require societal action, such as public awareness and public health measures. In many countries, the fact that some environmental hazards are difficult to avoid at the individual level is felt to be more morally egregious than those hazards that can be avoided. Having no choice but to drink water contaminated with very high levels of arsenic, or being forced to passively breathe in tobacco smoke in restaurants, outrages people more than the personal choice of whether an individual smokes tobacco. These factors are important when one considers how change (risk reduction) happens.

> 수능 영어 지문을 해석하려면 기본적으로 **약 3,300개의** 단어 학습이 필요합니다.

* contaminate 오염시키다 ** egregious 매우 나쁜

① 개인이 피하기 어려운 유해 환경 요인에 대해서는 사회적 대응이 필요하다.
② 환경오염으로 인한 피해자들에게 적절한 보상을 하는 것이 바람직하다.
③ 다수의 건강을 해치는 행위에 대해 도덕적 비난 이상의 조치가 요구된다.
④ 환경오염 문제를 해결하기 위해서는 사후 대응보다 예방이 중요하다.
⑤ 대기오염 문제는 인접 국가들과의 긴밀한 협력을 통해 해결할 수 있다.

왓츠 리딩 학습법

영어 독해력, 어떻게 키울 수 있나요?

<왓츠 리딩>으로 이렇게 공부해요!

STEP 주제별 핵심 단어 학습하기

● 글을 읽기 전에 주제와 관련된 단어들의 의미를 미리 학습하면 처음 보는 글의 내용을 보다 쉽게 이해할 수 있습니다. 주제별 핵심 단어들의 의미를 확인하고, QR코드로 원어민의 생생한 발음을 반복해서 듣고 따라 읽어보세요.

● <왓츠 리딩> 시리즈를 학습하고 나면, 주제별 핵심 단어 약 1,040개를 포함하여, 총 2,000여개의 단어를 완벽하게 익힐 수 있습니다.

STEP 다양한 종류의 글감 접하기

● 교과서나 여러 시험에서 다양한 구조로 전개되는 논픽션 류가 등장하기 때문에, 읽기에 대한 흥미를 불러일으키는 픽션 외에도 정보를 전달하는 논픽션을 바탕으로 한 다양한 종류의 글감을 접해야 합니다.

● <왓츠 리딩> 시리즈는 챕터별로 픽션과 논픽션의 비중을 50:50으로 구성하여, 두 가지 유형의 글 읽기를 위한 체계적인 학습이 가능합니다. 설명문뿐만 아니라 전기문, 편지글, 일기, 레시피, 창작 이야기 등 다양한 유형의 글감을 통해 풍부한 읽기 경험을 쌓아 보세요.

STEP 지문을 잘 이해했는지 문제로 확인하기

● 독해는 글을 읽으며 글의 목적, 중심 생각, 세부 내용 등을 파악하는 과정입니다. 하나를 읽더라도 정확하게 문장을 해석하면서 문장과 문장 간의 연결을 이해하는 것이 중요해요. 이러한 독해 습관은 모든 학습의 기초인 문해력도 동시에 향상시킬 수 있습니다.

STEP ④ 지문 구조 분석 훈련하기

- 올바른 이해는 글을 읽고 내용을 이해하는 것을 넘어 '나'의 사고를 확장하며 그 내용을 응용하는 것까지 이어져야 합니다. 따라서 글의 내용을 파악하는 문제 외에도 글의 구조를 분석하고 요약문으로 이해한 내용을 정리하는 활동을 통해 '내' 지식으로 만들어 보세요.

STEP ⑤ 직독직해 훈련하기

- 직독직해란 영어를 적절하게 '끊어서 읽는 것'으로, 영어 어순에 맞게 문장을 읽어 나가는 것을 뜻합니다. 직독직해 연습을 통해 빠르고 정확하게 문장을 해석하는 방법을 익힘으로써 독해력을 키울 수 있습니다.

영어는 우리말과 어순이 다르기 때문에 이러한 훈련이 해석하는 데 큰 도움이 됩니다. 영어 어순에 맞춰 문장을 이해하다보면 복잡한 문장도 더 쉽게 이해할 수 있습니다.

직독직해 훈련의 시작은 기본적으로 주어와 동사를 찾아내는 것부터 할 수 있습니다. 해설에 실린 지문별 끊어 읽기를 보고, 직독직해 연습지를 통해 혼자서도 연습해보세요.

🍃 끊어서 읽기

책은 시작된다 / 생각으로부터. 나는 생각이 떠오르면, // 나는 조용한 장소로 간다.
¹A book starts / from an idea. ²When I have an idea, // I go to a quiet place.

나는 그곳에 머문다 / 그리고 글을 쓴다 / 하루 종일. 곧 / 많은 단어들이 있다 / 종이에.
³I stay there / and write / all day long. ⁴Soon / there are many words / on paper.

그러나 / 나는 보통 만족하지 않는다 / 그것들에. 나는 쓴다 / 몇 번이고.
⁵But / I'm not usually happy / with them. ⁶I write / again and again.

많은 쓰기 후에, / 나는 내 이야기를 보낸다 / 나의 편집자에게. 그녀는 선생님과 같다.
⁷After lots of writing / I send my story / to my editor. ⁸She is like a teacher.

STEP ⑥ 꾸준하게 복습하기

- 배운 내용을 새로운 문장과 문맥에서 다시 복습하는 것이 중요합니다.
제공되는 워크북, 단어 암기장, 그리고 다양한 부가 학습 자료를 활용하여, 그동안 배운 내용을 다시 떠올리며 복습해 보세요.

구성과 특징 Components

★ <왓츠 리딩> 시리즈는 다음과 같이 구성되어 있습니다.

<왓츠 리딩> 시리즈는 총 8권으로 구성되었습니다.

	70A / 70B	80A / 80B	90A / 90B	100A / 100B
단어 수 (Words)	60-80	70-90	80-110	90-120
*Lexile 지수	200-400L	300-500L	400-600L	500-700L

*Lexile(렉사일) 지수 미국 교육 연구 기관 MetaMetrics에서 개발한 영어 읽기 지수로, 개인의 영어독서 능력과 수준에 맞는 도서를 읽을 수 있도록 개발된 독서능력 평가지수입니다. 미국에서 가장 공신력 있는 지수로 활용되고 있습니다.

● 한 챕터 안에서 하나의 공통된 주제를 중심으로 다양한 교과과정을 학습할 수 있습니다.
● 익숙한 일상생활 소재뿐만 아니라, 풍부한 읽기 경험이 되도록 여러 글감을 바탕으로 지문을 구성했습니다.
● 주제별 배경지식 및 주요 단어를 지문 안에서 자연스럽게 익힐 수 있습니다.
● 체계적인 독해 학습을 위한 단계별 문항을 제시하며, 다양한 활동을 통해 글의 구조에 대한 이해도를 높일 수 있습니다.

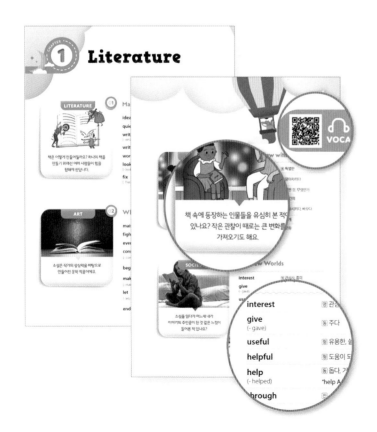

주제 확인하기

하나의 주제를 기반으로 한 4개의 지문을 제공합니다. 어떤 영역의 지문이 등장하는지 한눈에 확인할 수 있습니다.

지문 소개 글 읽기

● 학습자의 흥미를 유발하고, 글에 대한 배경지식을 활성화시켜줍니다.

지문 속 핵심 단어 확인하기

● 지문에 등장하는 핵심 단어를 확인합니다. 각 단어의 의미를 이해하면 읽기에 더 집중할 수 있습니다.

● QR코드를 통해 핵심 단어의 원어민 발음을 들을 수 있습니다.

LITERATURE
01 Making a New Book

A book starts from an **idea**. When I have an idea, I go to a **quiet** place. I stay there and **write** all day long. Soon there are many **words** on paper. But I'm not usually happy with them. I write again and again.

After lots of **writing**, I send my story to my editor. She is like a teacher. She **looks at** it and tells me good and bad things about it. The editor and I **fix** the story together. When we are done, the editor sends the story to an illustrator.

It needs pictures. When the illustrator _____(A)_____ all his work to the editor, my story is ready to become a book!

중요 단어와 표현

place 장소, 곳   stay 머무르다   all day lo...
again and again 몇 번이나   send 보내(...)
-의 비슷한   together 함께   done 끝난 마...

14 왕초 리딩 90 ...

ART
02 What Is Fiction?

A writer creates a story with imagination. We call it fiction. There are different parts in fiction: characters, a problem, and a *plot. There is a **main** character, a hero. There is also an enemy. In fiction, the **fight** between the hero and the enemy is the problem.

A plot is a set of **events**. These events **connect with** one another. For example, in *Cinderella*, Cinderella doesn't meet the prince **in the beginning**. Cinderella's stepmother **makes her do** all the housework. She also doesn't **let Cinderella go** to the ball. But later Cinderella meets the fairy godmother and then the prince. After that, she loses a glass shoe, and the prince uses it to find her. All these _____(A)_____ lead Cinderella to marry the prince **in the end**.

*plot 소설·연극 등의 줄거리

중요 단어와 표현

fiction 소설   create 만들어 내다   imagination 상상력, 상상   call -라고 부르다   different 여러 가지의   part 요소, 부분   character 등장인물   problem 문제   hero 남자 주인공, 주요 인물   enemy 자   a set of -의 한 조, 세트   one another 서로   for example 예를 들어   prince 왕자   stepmother 계모   housework 집안일   ball 무도회   fairy godmother (행사이야기에서) 주인공을 돕는 요정   lose 잃어버리다   lead 이끌다 생기게 만들다   marry -와 결혼하다

16 왕초 리딩 90 ...

ART
02 What Is Fiction?

A writer creates a story with imagin... We call it fiction. There are different p... in fiction: characters, a problem, and a *plot. There is a **main** character, a hero. There is also an enemy. In fiction, the **fight** between the hero and the enemy is the problem.

A plot is a set of **events**. These events **connect with** one another. For example, in *Cinderella*, Cinderella doesn't meet the prince **in the beginning**. Cinderella's stepmother **makes her do** all the housework.

구성과 특징 Components

Step 1 Check Up

- 지문을 읽고 나서 내용을 잘 이해 했는지 확인해 보세요.

- 중심 생각과 세부 내용을 확인 하는 다양한 유형의 문제를 풀면 서 독해력의 기본기를 탄탄하게 쌓을 수 있어요.

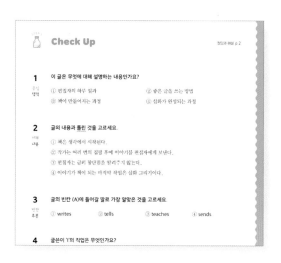

Step 2 Build Up

글의 내용을 분류하고, 비교하고, 분석하면서 글의 구조를 정리해 보세요. 글의 순서, 원인-결과, 질문-대답 등 여러 리딩 스킬 학습을 통해 다양한 각도로 글을 이해할 수 있습니다.

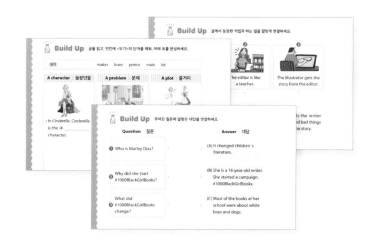

Step 3 Sum Up

빈칸 채우기, 시간 순 정리 활동으로 글의 요약문을 완성해 보세요. 글의 흐름을 다시 한번 복습하면서 학습을 마무리할 수 있습니다.

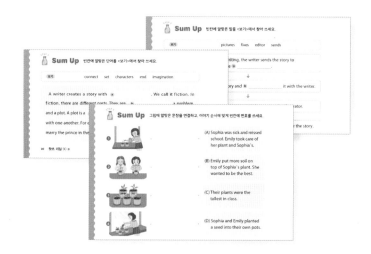

지문 속 단어 정리 및 복습

지문에 등장한 단어와 표현을 복습해요.
삽화를 통한 의미 확인, 연결 짓기, 추가 예문을 통해
단어의 의미를 한 번 더 정리합니다.

독해 학습을 완성하는 책속책과 별책 부록

WORKBOOK

- 지문에 등장했던 핵심 단어와 표현을 확인할 수 있어요.

- 주어, 동사 찾기 연습과 단어 배열 연습 문제로 영작 연습하면서 지문 내용을 복습할 수 있습니다.

자세한 해설 및 해석 제공

- 정답의 이유를 알려주는 문제 해설, 영어의 어순으로 빠르게 해석할 수 있는 방법을 보여 주는 직독직해를 확인해 보세요.

- 혼자서 해석하기 어려운 문장을 설명해주는 문장 분석하기 코너를 활용해 보세요.

단어 암기장

- 지문에 등장했던 모든 단어와 표현을 확인할 수 있어요.

- QR코드를 통해 단어 MP3 파일을 듣고 단어 의미를 복습하면서 어휘력을 기를 수 있어요.

무료 부가서비스
www.cedubook.com

1. 단어 리스트   2. 단어 테스트   3. 직독직해 연습지
4. 영작 연습지   5. 받아쓰기 연습지   6. MP3 파일 (단어, 지문)

목차 Contents

Literature

LITERATURE

책은 어떻게 만들어질까요? 하나의 책을
만들기 위해선 여러 사람들이 힘을
합해야 한답니다.

01 Making a New Book

idea	명 생각, 아이디어
quiet	형 조용한
write (- wrote)	동 (글을) 쓰다
writing	명 (글을) 쓰기, 집필
word	명 단어
look at (- looked at)	~을 보다, ~을 자세히 살펴보다
fix (- fixed)	동 고치다, 수리하다

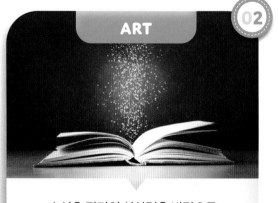

ART

소설은 작가의 상상력을 바탕으로
만들어진 문학 작품이에요.

02 What Is Fiction?

main	형 주요한, 주된
fight	명 싸움
event	명 사건
connect (- connected)	동 연결되다, 이어지다 *connect with ~와 연결되다
beginning	명 처음, 시작 *in the beginning 처음에
make (- made)	동 (~가) 하도록 하다, 만들다 *make A B A가 B하도록 하다
let (- let)	동 허락하다 *let A B A가 B하도록 허락하다
end	명 끝, (이야기의) 마지막, 결말 *in the end 마지막에, 결국

PEOPLE
Show 03

책 속에 등장하는 인물들을 유심히 본 적이 있나요? 작은 관찰이 때로는 큰 변화를 가져오기도 해요.

An Interview with Marley

special	형 특별한
notice (- noticed)	동 알아차리다
something	대 어떤 것, 무엇인가
a few	몇, 약간의
change (- changed)	동 변화시키다, 바꾸다
easily	부 쉽게
culture	명 문화

SOCIETY 04

소설을 읽다가 어느새 내가 이야기의 주인공이 된 것 같은 느낌이 들어본 적 있나요?

See New Worlds

interest	명 관심사, 흥미
give (- gave)	동 주다
useful	형 유용한, 쓸모 있는
helpful	형 도움이 되는
help (- helped)	동 돕다, 거들다 *help A B A가 B하도록 돕다
through	전 ~을 통하여
feeling	명 감정, 기분
fear	명 두려움, 공포

LITERATURE

01 Making a New Book

A book starts from an **idea**. When I have an idea, I go to a **quiet** place. I stay there and **write** all day long. Soon there are many **words** on paper. But I'm not usually happy with them. I write again and again.

After lots of **writing**, I send my story to my editor. She is like a teacher. She **looks at** it and tells me good and bad things about it. The editor and I **fix** the story together. When we are done, the editor sends the story to an illustrator. It needs pictures. When the illustrator _____(A)_____ all his work to the editor, my story is ready to become a book!

● ● 주요 단어와 표현

place 장소, 곳   stay 머무르다   all day long 하루 종일   soon 곧   paper 종이   usually 보통   happy 만족스러운
again and again 몇 번이고   send 보내다   story 이야기   editor 편집자 ((여러 재료를 모아 엮어 책을 만드는 사람))   like
~와 비슷한   together 함께   done 끝난, 마친   illustrator 삽화가   picture 그림, 삽화   work 작품, 작업

Check Up

1

중심 생각

이 글은 무엇에 대해 설명하는 내용인가요?

① 편집자의 하루 일과

② 좋은 글을 쓰는 방법

③ 책이 만들어지는 과정

④ 삽화가 완성되는 과정

2

세부 내용

글의 내용과 <u>틀린</u> 것을 고르세요.

① 책은 생각에서 시작된다.

② 작가는 여러 번의 집필 후에 이야기를 편집자에게 보낸다.

③ 편집자는 글의 장단점을 알려주지 않는다.

④ 이야기가 책이 되는 마지막 작업은 삽화 그리기이다.

3

빈칸 추론

글의 빈칸 (A)에 들어갈 말로 가장 알맞은 것을 고르세요.

① writes　　　　② tells　　　　③ teaches　　　　④ sends

4

내용 추론

글쓴이 'I'의 직업은 무엇인가요?

① a writer

② a teacher

③ a painter

④ a reporter

5

세부 내용

글에 등장하는 단어로 빈칸을 채워 보세요.

I _____ⓐ_____ my story to my editor. She tells me good and bad things about it. Then we _____ⓑ_____ the story together.

ⓐ: _____　　　　ⓑ: _____

Build Up 글에서 등장한 직업과 하는 일을 알맞게 연결하세요.

①

The writer finds
a quiet place.

②

The editor is like
a teacher.

③

The illustrator gets the
story from the editor.

(A) He draws pictures
for the story.

(B) She stays there and
writes all day long.

(C) She tells the writer
good and bad things
about the story.

STEP 3

Sum Up 빈칸에 알맞은 말을 <보기>에서 찾아 쓰세요.

보기	pictures fixes editor sends

After lots of writing, the writer sends the story to
the ⓐ _____.

↓

The editor looks at the story and ⓑ _____ it with the writer.

↓

The editor ⓒ _____ the story to the illustrator.

↓

When the illustrator finishes all the ⓓ _____ for the story,
he sends his work to the editor.

Look Up

A 아래 그림에 알맞은 단어를 고르세요.

❶

- ☐ word
- ☐ idea

❷

- ☐ fix
- ☐ send

❸

- ☐ quiet
- ☐ happy

B 주어진 단어의 알맞은 우리말 뜻을 찾아 연결하세요.

❶ write ・　　　　　・ (글을) 쓰다

❷ done ・　　　　　・ (글을) 쓰기, 집필

❸ work ・　　　　　・ 끝난, 마친

❹ writing ・　　　　　・ 작품, 작업

C 우리말 해석에 맞도록 <보기>에서 알맞은 단어를 골라 빈칸에 쓰세요.

> 보기　　　　　　　　look at　　quiet　　word

❶ 이 단어는 무슨 의미인가요?

→ What does this _____ mean?

❷ 제 자전거를 봐주실 수 있나요? 뭔가 잘못된 것 같아요.

→ Can you _____ my bike? There's something wrong.

❸ 도서관 안에서는 조용히 해주세요.

→ Please be _____ in the library.

02 What Is Fiction?

A writer creates a story with imagination. We call it fiction. There are different parts in fiction: characters, a problem, and a *plot. There is a **main** character, a hero. There is also an enemy. In fiction, the **fight** between the hero and the enemy is the problem.

A plot is a set of **events**. These events **connect with** one another. For example, in *Cinderella*, Cinderella doesn't meet the prince **in the beginning**. Cinderella's stepmother **makes her do** all the housework. She also doesn't **let Cinderella go** to the ball. But later Cinderella meets the fairy godmother and then the prince. After that, she loses a glass shoe, and the prince uses it to find her. All these _____(A)_____ lead Cinderella to marry the prince **in the end**.

*plot (소설·연극 등의) 줄거리

●● 주요 단어와 표현

fiction 소설   create 만들어 내다   imagination 상상력, 상상   call ~라고 부르다   different 여러 가지의   part 요소; 부분   character 등장인물   problem 문제   hero (남자) 주인공, 주요 인물   enemy 적   a set of ~의 한 조, 세트   one another 서로   for example 예를 들어   prince 왕자   stepmother 계모   housework 집안일   ball 무도회   fairy godmother (옛날이야기에서) 주인공을 돕는 요정   lose 잃어버리다   lead (어떤 결과로) 이끌다   marry ~와 결혼하다

Check Up

1

중심
생각

이 글은 무엇에 대해 설명하는 내용인가요?

① 작가의 상상력

② 소설의 구성 요소

③ 소설 속 등장인물들

④ 소설 읽기의 장단점

2

세부
내용

글의 내용과 <u>틀린</u> 것을 고르세요.

① 소설은 작가의 상상력으로 만들어진다.

② 소설은 다양한 요소로 구성되어 있다.

③ 주인공과 적의 싸움은 소설에서 '줄거리' 요소에 해당된다.

④ 소설 속 사건들은 서로 연관되어 있다.

3

빈칸
추론

글의 빈칸 (A)에 들어갈 말로 가장 알맞은 것을 고르세요.

① fights

② events

③ problems

④ characters

4

세부
내용

글을 읽고 대답할 수 있는 질문을 고르세요.

① What are the different parts in fiction?

② How does a main character solve a problem?

③ Why is there an enemy in fiction?

④ How many events make a plot?

5

중심
생각

글에 등장하는 단어로 빈칸을 채워 보세요.

There are different parts in _____ⓐ_____ : characters, a _____ⓑ_____, and a plot.

ⓐ: _____

ⓑ: _____

STEP 2
Build Up
글을 읽고, 빈칸에 <보기>의 단어를 채워, 아래 표를 완성하세요.

보기   makes   loses   prince   main   let

A character | 등장인물	**A problem** | 문제	**A plot** | 줄거리

• In *Cinderella*, Cinderella is the ⓐ _____ character.	• Cinderella's stepmother ⓑ _____ Cinderella do all the housework. • She also doesn't ⓒ _____ Cinderella go to the ball.	• Cinderella meets the fairy godmother and then meets the ⓓ _____. • She ⓔ _____ a glass shoe, and she marries the prince in the end.

STEP 3
Sum Up
빈칸에 알맞은 단어를 <보기>에서 찾아 쓰세요.

보기   connect   set   characters   end   imagination

A writer creates a story with ⓐ _____. We call it fiction. In fiction, there are different parts. They are ⓑ _____, a problem, and a plot. A plot is a ⓒ _____ of events. Events ⓓ _____ with one another. For example, in *Cinderella*, all the events lead Cinderella to marry the prince in the ⓔ _____.

Look Up

A 아래 그림에 알맞은 단어를 고르세요.

①

②

③

- ☐ lose
- ☐ marry

- ☐ enemy
- ☐ housework

- ☐ fight
- ☐ fiction

B 주어진 단어의 알맞은 우리말 뜻을 찾아 연결하세요.

① connect   •   • 처음, 시작

② beginning •   • 주요한

③ main   •   • 연결되다

④ problem •   • 문제

C 우리말 해석에 맞도록 <보기>에서 알맞은 단어를 골라 빈칸에 쓰세요.

보기	let made end

① 이것이 그 이야기의 결말이다.

→ This is the _____ of the story.

② 선생님은 수업 중에 Paul이 그만 이야기하도록 하셨다.

→ The teacher _____ Paul stop talking in class.

③ 나의 부모님은 내가 밤 8시 이후에 외출하는 것을 허락하시지 않는다.

→ My parents don't _____ me go out after 8 p.m.

An Interview with Marley

Interviewer: Today, we have a **special** guest, a 16-year-old writer, Marley Dias.

Marley: Hello. Thank you for having me.

Interviewer: You started a *campaign, #1000BlackGirlBooks, when you were 11. That's amazing.

Marley: Thank you. I love reading books. But one day, I **noticed something** wrong about the books at school.

Interviewer: What was that?

Marley: Most of the books were about white boys and dogs. The main characters didn't look like me.

Interviewer: I see. What did you do then?

Marley: I talked to my mother about it. We decided to find books with black girls as main characters.

Interviewer: _____(A)_____ did you find?

Marley: In **a few** months, we found more than 9,000 books. The campaign also **changed** children's literature. Now we can **easily** find books with characters from different **cultures**.

*campaign 캠페인, 사회운동

●● **주요 단어와 표현**

interview 인터뷰 *interviewer 인터뷰 진행자   guest 게스트, 특별 출연자   have (손님 등으로) 초대하여 오게 하다
black 흑인의   amazing 놀라운   wrong 잘못된   most of ~의 대부분   white 백인의   look like ~처럼 보이다
decide to(- decided to) ~하기로 결심하다   find(- found) 찾다   more than ~ 이상, ~보다 많이   literature 문학

Check Up

1 이 인터뷰는 무엇을 설명하는 내용인가요?

중심
생각

① 아동 문학 작품의 조건　　　　② 아동 문학 캠페인을 펼친 소녀

③ 문학에 나타난 문화적 차이　　④ 다양한 문화를 바탕으로 한 작품들

2 Marley Dias에 대해 글의 내용과 <u>틀린</u> 것을 고르세요.

세부
내용

① 16세의 작가이다.　　　　　　② 11세 때 캠페인을 시작했다.

③ 책 읽는 것을 좋아한다.　　　　④ 흑인 남자아이가 등장하는 책을 모았다.

3 #1000BlackGirlBooks 캠페인의 효과로 알맞은 것을 고르세요.

세부
내용

① 청소년 작가들이 많이 생겼다.

② 아이들이 부모님과 대화하는 시간이 길어졌다.

③ 흑인 여자아이들의 독서 시간이 길어졌다.

④ 다양한 문화 출신의 등장인물이 나오는 책이 많아졌다.

4 글의 빈칸 (A)에 들어갈 말로 가장 알맞은 것을 고르세요.

빈칸
추론

① Which books　　　　　　② How long

③ How many books　　　　④ What kinds of books

5 글에 등장하는 단어로 빈칸을 채워 보세요.

중심
생각

＿＿＿＿＿＿ ⓐ ＿＿＿＿＿＿ of the books at school were about white boys and dogs. Now there are many books with characters from different ＿＿＿＿ ⓑ ＿＿＿＿.

ⓐ: ＿＿＿＿＿＿＿　　　　　　ⓑ: ＿＿＿＿＿＿＿

STEP 2

Build Up 주어진 질문에 알맞은 대답을 연결하세요.

Question | 질문

Answer | 대답

1 Who is Marley Dias?

(A) It changed children's literature.

2 Why did she start #1000BlackGirlBooks?

(B) She is a 16-year-old writer. She started a campaign, #1000BlackGirlBooks.

3 What did #1000BlackGirlBooks change?

(C) Most of the books at her school were about white boys and dogs.

STEP 3

Sum Up 빈칸에 알맞은 말을 <보기>에서 찾아 쓰세요.

보기   easily   decided   black   more   noticed

Marley **a** _____ something wrong about the books at school.

↓

She **b** _____ to find books with **c** _____ girls as main characters.

↓

She started a campaign and found **d** _____ than 9,000 books.

↓

Now we can **e** _____ find books with characters from different cultures.

Look Up

A 아래 그림에 알맞은 단어를 고르세요.

1
- ☐ have
- ☐ change

2
- ☐ find
- ☐ decide to

3
- ☐ interview
- ☐ literature

B 주어진 단어의 알맞은 우리말 뜻을 찾아 연결하세요.

1 notice •　　　　　• 놀라운

2 easily •　　　　　• 알아차리다

3 amazing •　　　　　• 특별한

4 special •　　　　　• 쉽게

C 우리말 해석에 맞도록 <보기>에서 알맞은 단어를 골라 빈칸에 쓰세요.

> 보기　　　　　　a few　　　something　　　culture

1 모든 나라는 고유의 문화가 있다.
→ Every country has their own 　　　　　　　.

2 내 친구는 며칠 전에 나에게 그 책을 빌려줬다.
→ My friend lent me the book 　　　　　　 days ago.

3 나는 방금 밖에서 어떤 이상한 소리를 들었어.
→ I just heard 　　　　　　 strange outside.

See New Worlds

We choose books about our **interests**. But we often choose nonfiction because it **gives** us **useful** information. Some may think fiction is just made-up stories. But fiction is **helpful** too, and here is why.

When we read fiction, we become a character from the book. This **helps us put** ourselves in other people's shoes. As we read, we see the world **through** a character's _____(A)_____. It helps us see new worlds and grow our minds. And fiction contains all human **feelings**. We can feel passion, love, **fear**, and jealousy. Those feelings sometimes make our lives richer.

●● **주요 단어와 표현**

new 새로운   world 세계, 세상   choose 선택하다   often 자주, 종종 *sometimes 가끔   nonfiction 논픽션
information 정보   may ~일지도 모른다   just 그저, 단지   made-up 지어낸   why (~한) 이유   put ~ in other
people's shoes ~가 다른 사람의 입장이 되다   grow 기르다   mind 생각, 사고방식   contain 담고 있다, 포함하다
human 인간의   passion 열정   jealousy 질투   rich 풍요로운

Check Up

1 이 글의 알맞은 제목을 고르세요.

① 소설의 장단점은 무엇인가?   ② 소설과 논픽션은 어떻게 다른가?

③ 소설을 읽는 것이 왜 도움이 되는가?   ④ 책을 선택하는 기준은 무엇인가?

중심
생각

2 글의 내용과 맞는 것에는 ○표, 틀린 것에는 ✗표 하세요.

(a) 우리는 각자의 관심사에 맞는 책을 선택한다.   _____

(b) 소설을 통해 여러 가지 감정을 느낄 수 있다.   _____

세부
내용

3 소설을 읽어야 하는 이유가 <u>아닌</u> 것을 고르세요.

① 유용한 정보를 얻을 수 있다.   ② 새로운 세계를 볼 수 있다.

③ 우리의 삶을 더 풍요롭게 해준다.   ④ 다른 사람의 입장이 되어보도록 도와준다.

세부
내용

4 글의 빈칸 (A)에 들어갈 말로 가장 알맞은 것을 고르세요.

① ears   ② eyes   ③ hands   ④ heart

빈칸
추론

5 글에 등장하는 단어로 빈칸을 채워 보세요.

중심
생각

> Reading fiction is _____ⓐ_____. It may not give us useful information, but it helps us see _____ⓑ_____ worlds.

ⓐ: _____   ⓑ: _____

Build Up 글을 읽고, 빈칸에 <보기>의 단어를 채워 소설의 장점을 완성하세요.

보기	fear become through richer

- When we read fiction, we **a** _____ a character from the book.

↓

- We see the world **b** _____ a character's eyes.

↓

- We see new worlds and grow our minds.
- We can feel passion, love, **c** _____, and jealousy.

↓

- The feelings sometimes make our lives **d** _____.

 Sum Up 빈칸에 알맞은 말을 <보기>에서 찾아 쓰세요.

보기	feelings read helps useful choose

People **a** _____ nonfiction because it gives them **b** _____ information. But fiction can be helpful, too. When we **c** _____ fiction, we become a character from the book. It **d** _____ us put ourselves in other people's shoes. Also, we can feel many **e** _____, like passion, love, and jealousy.

Look Up

A 아래 그림에 알맞은 단어를 고르세요.

①
- ☐ fear
- ☐ interest

②
- ☐ give
- ☐ help

③
- ☐ feeling
- ☐ information

B 주어진 단어의 알맞은 우리말 뜻을 찾아 연결하세요.

① through   •   • 유용한

② passion   •   • 담고 있다

③ useful   •   • ~을 통하여

④ contain   •   • 열정

C 우리말 해석에 맞도록 <보기>에서 알맞은 단어를 골라 빈칸에 쓰세요.

보기	helpful interests feelings

① 나는 네 감정을 상하게 하고 싶지 않아.

   → I don't want to hurt your   .

② 내 관심사는 음악과 제빵이다.

   → My   are music and baking.

③ 그녀의 조언은 정말로 도움이 되었다.

   → Her advice was really   .

Plants

LITERATURE

01

주변에 식물을 잘 키우는 사람이 있나요?
식물이 잘 자라도록 돌보는 것은 많은
정성이 필요해요.

A Garden in the Classroom

garden	몡 정원
gardener	몡 정원사
plant (- planted)	동 (식물을) 심다 몡 식물
grow (- grew)	동 자라다 *grow into 자라서 ~이[가] 되다
put (- put)	동 놓다, 두다
top	몡 맨 위 *on top of ~ 위에
miss (- missed)	동 놓치다 *miss school 학교를 빠지다, 결석하다

SCIENCE

02

식물은 무엇을 먹고 자랄까요? 우리는
식물의 음식을 '양분'이라고 부릅니다.
양분이 어떻게 만들어지는지 알아볼까요?

Food for Plants

need (- needed)	동 필요로 하다, 필요하다
energy	몡 에너지
sunlight	몡 햇빛
call (- called)	동 ~라고 부르다, 이름 짓다 *call A B A를 B라고 부르다
tiny	혱 아주 작은
hole	몡 구멍
finally	뷔 마지막으로

VOCA

MYTH 03

바오바브나무는 소설 『어린 왕자』에도 나오는 유명한 나무예요. 신은 이 나무를 어떻게 생각했을까요?

God and a Baobab Tree

enough	형 충분한, 필요한 만큼의
easy	형 1 편안한, 마음 편한 2 쉬운, 수월한
without	전 ~ 없이, ~이 없는
pull (- pulled)	동 끌다, 당기다 *pull out 뽑다
throw (- threw)	동 던지다
rain (- rained)	동 비가 오다
save (- saved)	동 1 저장하다 2 구하다

NATURE 04

물이 부족한 지역에서 자라는 바오바브나무는 독특한 생존 방법이 있다고 해요.

A Strange Tree

strange	형 이상한
look like (- looked like)	~처럼 보이다
often	부 종종, 자주
way	명 방식, 방법
happen (- happened)	동 (일, 사건이) 일어나다
season	명 절기, 계절
survive (- survived)	동 살아남다, 생존하다

01 A Garden in the Classroom

Sophia and Emily were in the same class. Sophia did everything well, but Emily didn't. One day, they each **planted** a seed into their own pots. The teacher said, "Take good care of the seed, and it will **grow into** a **plant**."

Days later, the seeds started to grow. But Sophia's plant was a little bigger than Emily's. Emily wanted to be the best. So she **put** more soil **on top of** Sophia's.

That day, Sophia was sick and **missed school**. Emily felt _____(A)_____ for Sophia and Sophia's plant. Emily started to take care of her plant and Sophia's. Soon their plants were the tallest. Emily was the best **gardener** in class!

● ● **주요 단어와 표현**

same 같은   do(- did) 하다   everything 모든 것   well 잘   each 각자의, 각각의   seed 씨앗   own 자신의   pot 화분
take (good) care of ~을 (잘) 돌보다   later 뒤에, 나중에   the best 최고의, 가장 좋은   soil 흙, 토양   soon 곧

Check Up

1

중심
생각

이 글의 알맞은 제목을 고르세요.

① Emily와 Sophia의 우정   ② 최고의 정원사 Emily

③ Sophia의 거대한 씨앗   ④ 모든 것을 잘하는 내 친구

2

세부
내용

글의 내용과 맞는 것에는 ○표, **틀린** 것에는 ✕표 하세요.

(a) Emily는 모든 것을 잘하지는 못했다.   _____

(b) Sophia는 아파서 학교를 결석했다.   _____

(c) Emily는 Sophia의 식물을 돌보지 않았다.   _____

3

세부
내용

Emily가 Sophia의 식물에 흙을 얹은 이유를 고르세요.

① 자신의 식물보다 더 커서   ② 선생님의 지시에 따르려고

③ Sophia의 식물에 물을 주려고   ④ 식물이 더 자랄 수 있도록 도와주려고

4

빈칸
추론

글의 빈칸 (A)에 들어갈 말로 가장 알맞은 것을 고르세요.

① warm   ② sorry   ③ happy   ④ strange

5

세부
내용

글에 등장하는 단어로 빈칸을 채워 보세요.

Emily took care of her _____ⓐ_____ and Sophia's, and soon their plants were
the tallest. Emily was the best _____ⓑ_____ in class.

ⓐ : _____   ⓑ : _____

Build Up   알맞은 단어를 골라 Emily에 대한 내용을 완성하세요.

- a ● **planted**   needed   a seed into her pot in class.
- put more b ● **water**   soil   on top of Sophia's plant.
- c ● **missed**   took care of   her plant and Sophia's.
- was the best d ● **teacher**   gardener   in her class.

Emily

STEP 3

 Sum Up   그림에 알맞은 문장을 연결하고, 이야기 순서에 맞게 빈칸에 번호를 쓰세요.

①

②

③

④

(A) Sophia was sick and missed school. Emily took care of her plant and Sophia's.

(B) Emily put more soil on top of Sophia's plant. She wanted to be the best.

(C) Their plants were the tallest in class.

(D) Sophia and Emily planted a seed into their own pots.

Look Up

A 아래 그림에 알맞은 단어를 고르세요.

1

☐ miss
☐ plant

2

☐ pot
☐ top

3

☐ seed
☐ gardener

B 주어진 단어의 알맞은 우리말 뜻을 찾아 연결하세요.

1 grow •   • 놓치다

2 miss •   • ~을 돌보다

3 garden •   • 자라다

4 take care of •   • 정원

C 우리말 해석에 맞도록 <보기>에서 알맞은 단어를 골라 빈칸에 쓰세요.

> 보기   puts   plant   top

1 Sue와 나는 일 년에 한 번 나무를 심는다.

→ Sue and I _____ a tree once a year.

2 케이크의 맨 위에 초를 놓아라.

→ Put candles on _____ of the cake.

3 나의 할아버지는 항상 테이블 위에 신문을 두신다.

→ My grandfather always _____ the newspaper on the table.

Food for Plants

How do plants make their food? To make their food, plants **need energy** from **sunlight**. They also use water and *carbon dioxide from air. Scientists **call** this process **photosynthesis.

Then, where do plants make their food? They make it _____(A)_____ their leaves. First, carbon dioxide goes into the **tiny holes** in leaves. And plants get water from the soil. Next, when there is sunlight, plants start to make food and ***oxygen. **Finally**, oxygen leaves the plants, and food stays in the plants.

*carbon dioxide 이산화탄소
**photosynthesis 광합성
***oxygen 산소

● ● **주요 단어와 표현**

food (식물의) 양분, 비료   make 만들다   also 또한   water 물   air 공기   process 과정   leaf 나뭇잎   first 먼저
go into ~에 들어가다   leave 떠나다   stay 남다

Check Up

1 이 글은 무엇에 대해 설명하는 내용인가요?

중심
생각

① 겨울철 식물의 특징   ② 건조한 식물의 중요성

③ 식물 생존에 필요한 영양소   ④ 식물이 양분을 만드는 과정

2 글의 내용과 맞는 것에는 〇표, 틀린 것에는 ✕표 하세요.

세부
내용

(a) 식물은 공기 중의 산소로 양분을 만든다.   ＿＿＿＿＿＿

(b) 식물이 양분을 만드는 과정을 광합성이라 한다.   ＿＿＿＿＿＿

(c) 식물의 뿌리를 통해 이산화탄소가 들어간다.   ＿＿＿＿＿＿

3 글을 읽고, 답할 수 <u>없는</u> 질문을 고르세요.

세부
내용

① Where do plants get energy from?

② How many holes does a leaf have?

③ What can plants get from soil?

④ What leaves the plants in the end?

4 글의 빈칸 (A)에 들어갈 말로 가장 알맞은 것을 고르세요.

빈칸
추론

① on   ② under   ③ inside   ④ next to

5 글에 등장하는 단어로 빈칸을 채워 보세요.

중심
생각

> Plants use carbon dioxide from the air and ＿＿＿ⓐ＿＿＿ from the soil to make food. They also need ＿＿＿ⓑ＿＿＿ to make oxygen.

ⓐ: ＿＿＿＿＿＿＿＿   ⓑ: ＿＿＿＿＿＿＿＿

Build Up 빈칸에 <보기>의 단어를 채워, 식물이 양분을 만드는 과정을 완성하세요.

보기	food water sunlight air

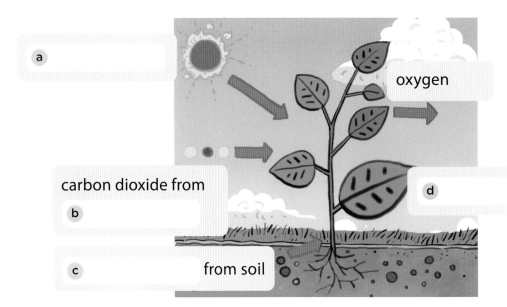

a

oxygen

carbon dioxide from

b

d

c

from soil

Sum Up 빈칸에 알맞은 말을 <보기>에서 찾아 쓰세요.

보기	make leaves stays soil

Plants make their food by photosynthesis. They need energy from sunlight,

carbon dioxide, and water from a   . First, carbon dioxide

goes into the b   . Then when there is sunlight, plants start to

c   food and oxygen. Oxygen leaves the plants, but the food

d   in the plants.

Look Up

A 아래 그림에 알맞은 단어를 고르세요.

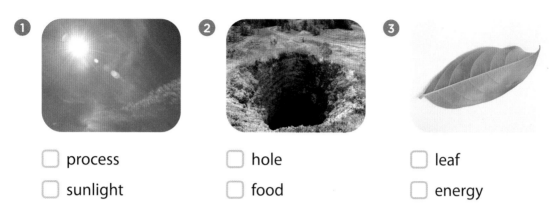

①
- ☐ process
- ☐ sunlight

②
- ☐ hole
- ☐ food

③
- ☐ leaf
- ☐ energy

B 주어진 단어의 알맞은 우리말 뜻을 찾아 연결하세요.

① go into •   • 마지막으로

② finally •   • 필요로 하다

③ stay •   • ~에 들어가다

④ need •   • 남다

C 우리말 해석에 맞도록 <보기>에서 알맞은 단어를 골라 빈칸에 쓰세요.

보기	energy tiny call

① 조심해! 아주 작은 유리 조각들이 있어.

→ Be careful! There are _____ pieces of glass.

② 우리는 바람으로부터 에너지를 얻을 수 있다.

→ We can get _____ from the wind.

③ 우리는 새 강아지를 Max라고 이름 짓기로 결정했다.

→ We decided to _____ the new puppy Max.

God and a Baobab Tree

A long time ago, a baobab tree lived in a beautiful place. There was **enough** water and sunlight. The tree lived a good and **easy** life. The tree thought it could live **without** water. When God heard about this, he was very angry.

So God **pulled out** the tree. He **threw** it in a very _____(A)_____ place. The tree was very sad because it only **rained** once a year. So, the tree made holes in itself, and its leaves got smaller. When it rained, the tree would use the holes and **save** water. It became fatter and fatter.

● ● ◆ 주요 단어와 표현

baobab tree 바오바브나무   life 삶   think(- thought) 생각하다   hear(- heard) 듣다   once 한 번   itself 그 자신
get(- got) (~의 상태가) 되다   become(- became) ~해지다, 되다   fat 뚱뚱한 *fatter and fatter 점점 더 뚱뚱한

1 이 글의 알맞은 제목을 고르세요.

중심
생각

① 신과 바오바브나무의 여행   ② 바오바브나무의 신비한 능력

③ 편안한 삶을 즐기는 바오바브나무   ④ 변해버린 바오바브나무의 모습

2 바오바브나무에 대해 글의 내용과 **틀린** 것을 고르세요.

세부
내용

① 원래 살던 곳에는 충분한 물과 햇빛이 있었다.

② 신을 화나게 만들었다.

③ 새로 옮겨진 곳이 마음에 들었다.

④ 비가 올 때, 점점 더 뚱뚱해졌다.

3 바오바브나무가 물을 얻기 위해 한 일을 고르세요.

세부
내용

① 신에게 도움을 요청하기   ② 줄기의 굵기를 줄이기

③ 자신의 몸에 구멍을 만들기   ④ 자신의 잎들을 커지게 하기

4 글의 빈칸 (A)에 들어갈 말로 가장 알맞은 것을 고르세요.

빈칸
추론

① dry   ② tiny   ③ good   ④ easy

5 글에 등장하는 단어로 빈칸을 채워 보세요.

세부
내용

The baobab tree _____ ⓐ _____ fatter and fatter when it _____ ⓑ _____.

ⓐ: _____   ⓑ: _____

STEP 2 Build Up

그림에 알맞은 문장을 연결하세요.

(A) The tree was very sad because it only rained once a year.

(B) The tree made holes in itself, and its leaves got smaller.

(C) When it rained, the tree saved water and became fatter and fatter.

(D) God pulled out the baobab tree and threw it in a very dry place.

STEP 3 Sum Up

 빈칸에 알맞은 말을 <보기>에서 찾아 쓰세요.

보기	smaller without saved enough threw

A baobab tree lived in a place with ⓐ _____ water and sunlight. The tree thought that it could live ⓑ _____ water. When God heard about this, he ⓒ _____ the tree in a dry place. The tree made holes in itself, and its leaves became ⓓ _____ . When it rained, the tree ⓔ _____ water in its holes.

Look Up

A 아래 그림에 알맞은 단어를 고르세요.

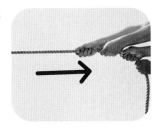

①
☐ hear
☐ pull

②
☐ save
☐ rain

③
☐ throw
☐ think

B 주어진 단어의 알맞은 우리말 뜻을 찾아 연결하세요.

① easy •   • 뚱뚱한

② without •   • 한 번

③ once •   • ~ 없이, ~이 없는

④ fat •   • 편안한; 쉬운

C 우리말 해석에 맞도록 <보기>에서 알맞은 단어를 골라 빈칸에 쓰세요.

보기	pull enough threw

① 누군가 창문에 돌을 던졌다.

→ Someone _____ a stone at the window.

② 그 치과의사는 그녀의 이를 뽑을 것이다.

→ The dentist will _____ out her tooth.

③ 나는 지금 충분한 시간이 없다.

→ I don't have _____ time now.

04 A Strange Tree

Baobab trees look a little **strange**. For most of the year, the trees have no leaves. Their branches at the top **look like** roots. ⓐ <u>People **often** call them "upside-down trees."</u>

Baobab trees grow in a different **way**. For most plants, photosynthesis **happens** inside their leaves. But baobab trees have _____ (A) _____ for only three months. When there are no leaves, photosynthesis happens inside the trees' branches and trunks. The trees also use the water inside their trunks. The trunk can save about 120,000 liters of water. So during the dry **season**, the trees can **survive**, make food, and grow.

●● **주요 단어와 표현**

a little 약간, 조금   most 대부분의 *most of ~의 대부분   branch 나뭇가지   root 뿌리   upside-down 거꾸로 된
month 달, 1개월   trunk (나무) 줄기   liter 리터 ((부피의 단위))   during ~ 동안   dry 건조한, 비가 오지 않는

1 이 글은 무엇에 대해 설명하는 내용인가요?

중심
생각

> 바오바브나무의 _____

① 쓰임새　　　　　② 생존 방법　　　　　③ 뿌리가 하는 일　　　④ 독특한 생김새

2 바오바브나무에 대해 맞는 것에는 O표, 틀린 것에는 X표 하세요.

세부
내용

(a) 다른 식물과 비슷한 방식으로 자란다. _____

(b) 잎이 없을 때는 가지와 줄기로 광합성을 한다. _____

(c) 비가 오지 않으면 거의 살지 못한다. _____

3 밑줄 친 ⓐ People often call them "upside-down trees."의 이유를 고르세요.

세부
내용

① 가지에 나뭇잎이 풍성해서

② 가지가 다른 나무에 비해 많아서

③ 줄기 안에 물을 많이 저장해서

④ 나무 맨 윗부분의 가지들이 뿌리처럼 생겨서

4 글의 빈칸 (A)에 들어갈 말로 가장 알맞은 것을 고르세요.

빈칸
추론

① water　　　　　② leaves　　　　　③ branches　　　　　④ trunks

5 글에 등장하는 단어로 빈칸을 채워 보세요.

중심
생각

> Usually photosynthesis _____ⓐ_____ inside plants' leaves. But when baobab
> trees have no leaves, it happens inside their branches and _____ⓑ_____.

ⓐ: _____　　　　　　　　　ⓑ: _____

STEP 2

Build Up 글을 읽고, 빈칸에 <보기>의 단어를 채워 바오바브나무의 특징을 완성하세요.

보기   branches   most   save   call

The trees can
a _____ about
120,000 liters of water.

The trees have no leaves for
b _____ of the year.

Baobab Trees

People often
c _____ them
"upside-down trees."

Photosynthesis happens inside the trees'
d _____ and trunks.

STEP 3

Sum Up 빈칸에 알맞은 말을 <보기>에서 찾아 쓰세요.

보기   season   grow   inside   strange   months

Baobab trees look a _____ because they have no leaves for most of the year. They b _____ in a different way. Because baobab trees have leaves only for three c _____ , photosynthesis happens d _____ their branches and trunks. Also, they can save water inside their trunks to survive during the dry e _____ .

1</

Look Up

A 아래 그림에 알맞은 단어를 고르세요.

1

2

3

☐ dry   ☐ root   ☐ month

☐ strange   ☐ branch   ☐ season

B 주어진 단어의 알맞은 우리말 뜻을 찾아 연결하세요.

1 way   •   • 종종, 자주

2 look like   •   • 거꾸로 된

3 often   •   • ~처럼 보이다

4 upside-down   •   • 방식, 방법

C 우리말 해석에 맞도록 <보기>에서 알맞은 단어를 골라 빈칸에 쓰세요.

보기	happen	strange	survive

1 나는 하늘에서 이상한 무언가를 봤다.

→ I saw something _____ in the sky.

2 네 여동생에게 무슨 일이 일어났었니?

→ Did something _____ to your sister?

3 이 식물들은 한 달 동안 물 없이 살아남을 수 있다.

→ These plants can _____ without water for a month.

Energy

SCIENCE 01

우리 주변에는 보이지 않지만
다양한 종류의 에너지가 있어요.

LITERATURE 02

집에 전기가 들어오지 않아 깜깜했던 밤을
경험해본 적이 있나요? 스스로 전기를
만든 사람들이 가져온 변화를 살펴보아요.

Energy around Us

impossible	형 불가능한
everywhere	부 어디에나, 어디에도
heat	명 1 열, 열기 2 온도
kind	명 종류, 유형 *kind of ~의 종류
fly (- flew)	동 1 (연 등을) 날리다 　　2 날다
cook (- cooked)	동 요리하다, 요리되다
move (- moved)	동 1 움직이다 2 이동하다
fuel	명 연료

A Small Change

small	형 작은
nobody	대 아무도 ~ 않다
used	형 사용된, 중고의
go out (- went out)	1 (불·전깃불이) 나가다, 꺼지다 2 외출하다, 나가다
bright	형 밝은
drive (- drove)	동 (차를) 몰다, 운전하다
huge	형 거대한, 엄청난

SCIENCE 03

열은 우리 생활에 꼭 필요한 에너지입니다.
열은 어떤 성질을 가지고 있을까요?

The Power to Be Warm

hot	형 더운, 뜨거운
	*hotter 더 뜨거운
cool	형 시원한
	*cooler 더 시원한
flow	명 흐름
area	명 부분, 구역
object	명 물체, 물건
keep (- kept)	동 유지하다, 계속 ~하게 하다
warm up (- warmed up)	따뜻하게 하다, 데우다

LITERATURE 04

아침에 빵을 직접 만드는
남매의 이야기를 통해 열에 대해
더 알아보아요.

Muffins in the Oven

breakfast	명 아침식사
bread	명 빵
leave (- left)	동 1 그대로 두다
	2 떠나다
turn on (- turned on)	(전원을) 켜다
set (- set)	동 조절하다, 맞추다
bottom	명 바닥, 밑 부분
side	명 옆, 옆면
smell (- smelled)	동 ~한 냄새가 나다

Energy around Us

Seeing energy with our eyes is **impossible**. But energy is in different forms, and it's **everywhere**. The sun gives us **heat** and light. Heat and light are **kinds of** energy. Plants and animals grow because of sun energy.

The wind is air with energy, too. The energy from wind can **fly** a kite and make electricity. Energy can also come from fire. With that energy, we can stay warm and even **cook**.

Our body also needs energy, and we get it from food. Food gives us energy to **move**, grow, and think. It's like **fuel** for our body.

●● **주요 단어와 표현**

around ~ 주변에   with ~로, ~를 이용하여; ~를 가진   different 여러 가지의; 다른   form 형태   light 빛   grow 자라다, 성장하다   air 공기   kite 연   electricity 전기   also 또한   come from ~에서 나오다   stay ~인 채로 있다   even ~도 need 필요로 하다   like ~와 같은   think 생각하다

Check Up

1

중심
생각

이 글은 무엇에 대해 설명하는 내용인가요?

① 태양 에너지의 쓰임

② 미래 대체 에너지

③ 다양한 형태의 에너지

④ 에너지 절약의 필요성

2

세부
내용

글의 내용과 맞는 것에는 ○표, **틀린** 것에는 ✕표 하세요.

(a) 눈으로 에너지를 볼 수 있다. _____

(b) 태양에서 나오는 열과 빛도 에너지의 종류이다. _____

(c) 음식은 우리 몸을 위한 연료와 같다. _____

3

세부
내용

에너지가 하는 일로 글에 **없는** 내용을 고르세요.

① 식물과 동물을 자라게 한다.

② 바람으로 우리를 시원하게 해준다.

③ 우리가 요리할 수 있게 해준다.

④ 우리의 몸을 움직이게 한다.

4

중심
생각

글에 등장하는 단어로 빈칸을 채워 보세요.

Energy is in _____ⓐ_____ forms. We cannot see it with our eyes, but it's
_____ⓑ_____.

ⓐ: _____

ⓑ: _____

Build Up   아래 상자를 알맞게 연결하여 문장을 완성하세요.

1

Because of sun
energy,

2

The energy
from wind

3

The energy
from fire

(A) can fly a kite and
make electricity.

(B) plants and animals
grow.

(C) keeps us warm and
helps us cook.

 STEP 3

Sum Up   빈칸에 알맞은 단어를 <보기>에서 찾아 쓰세요.

보기	plants kinds food move around

We can't see energy with our eyes, but it's **a** _____ us. There are
different **b** _____ of energy. We get energy from the sun, wind,
fire, and food. Heat and light from the sun make **c** _____ grow. The
energy from wind can make electricity. Energy from fire keeps us warm.
Energy is also in **d** _____ . We **e** _____ , grow, and think
because of it.

Look Up

A 아래 그림에 알맞은 단어를 고르세요.

1

☐ heat
☐ kite

2

☐ fly
☐ grow

3

☐ move
☐ cook

B 주어진 단어의 알맞은 우리말 뜻을 찾아 연결하세요.

1 electricity ·   · ~에서 나오다

2 stay ·   · 종류, 유형

3 kind ·   · 전기

4 come from ·   · ~인 채로 있다

C 우리말 해석에 맞도록 <보기>에서 알맞은 단어를 골라 빈칸에 쓰세요.

| 보기 | everywhere | impossible | fuel |

1 먼지가 방 어디에나 있었다.

→ There was dust   in the room.

2 자동차는 연료를 사용함으로써 움직인다.

→ A car moves by using   .

3 물 없이 사는 것은 불가능하다.

→ Living without water is   .

A Small Change

Our island is **small**. People call it "Energy Island." Some years ago, we didn't think about energy. But our school teacher wanted to make our own energy.

He talked to people, but **nobody** listened. Only the mechanic, Mr. Brian, did. He put up a **used** *wind turbine. When the power **went out** on a cold night, everything was dark. But only his house was **bright**.

After that day, everyone started listening to our teacher. Now some people make energy with sunlight. Others make fuel oil from their crops. Grown-ups **drive** electric cars, and children ride electric bicycles. Our island may be small, _____(A)_____ we can make a **huge** difference.

*wind turbine 풍력 발전기

● ● 주요 단어와 표현

island 섬   call A B A를 B라고 부르다   own 직접 ~한   talk(- talked) 이야기하다   listen(- listened) 듣다, 귀를 기울이다
only 오직   mechanic 기계공   put up(- put up) (건물 등을) 세우다   power 전기; 에너지; 힘   crop 농작물   grown-up
어른   electric 전기의   ride 타다   bicycle 자전거   make a difference 변화를 가져오다

Check Up

1 이 글은 무엇에 대해 설명하는 내용인가요?

중심
생각

> 우리가 만든 _____

① 연료 기름　　　　② 에너지 섬　　　　③ 풍력 발전기　　　　④ 전기차

2 글의 내용과 맞는 것에는 ○표, **틀린** 것에는 ✕표 하세요.

세부
내용

(a) 학교 선생님이 제일 먼저 풍력 발전기를 세웠다. _____

(b) 정전이 된 날 밤에, Brian 씨의 집만 밝았다. _____

(c) 어떤 사람들은 햇빛으로 에너지를 만들어 사용한다. _____

3 글을 읽고 대답할 수 **없는** 질문을 고르세요.

세부
내용

① '에너지 섬'은 어디에 있나요?

② 누가 먼저 직접 에너지를 만들자고 말했나요?

③ Brian 씨의 직업은 무엇인가요?

④ 에너지를 만들기 위해 사람들은 무엇을 했나요?

4 글의 빈칸 (A)에 들어갈 말로 가장 알맞은 것을 고르세요.

빈칸
추론

① so　　　　　　② but　　　　　　③ and　　　　　　④ because

5 글에 등장하는 단어로 빈칸을 채워 보세요.

중심
생각

> Some years ago, we started making our _____ⓐ_____ energy. Now people _____ⓑ_____ our island "Energy Island."

ⓐ: _____　　　　　　　　ⓑ: _____

Build Up   주어진 질문에 알맞은 대답을 연결하세요.

Question | 질문

Answer | 대답

① What did the school teacher want to make?

(A) The mechanic did. He put up a used wind turbine.

② Who listened to the teacher first? What did the person do?

(B) Some people make energy with sunlight, and others use their crops.

③ How do people make energy now?

(C) He wanted to make energy.

Sum Up   이야기 순서에 맞게 빈칸에 번호를 쓰세요.

 When everything was dark, Mr. Brian's house was bright because of the wind turbine.

 Now people use sunlight to make energy. They also drive electric cars.

 Mr. Brian listened to our school teacher and put up a used wind turbine.

 Our school teacher wanted to make our own energy. But nobody listened to him.

Look Up

A 아래 그림에 알맞은 단어를 고르세요.

❶

☐ small
☐ huge

❷

☐ dark
☐ bright

❸

☐ drive
☐ listen

B 주어진 단어의 알맞은 우리말 뜻을 찾아 연결하세요.

❶ island　　　•

• 전기의

❷ go out　　　•

• 기계공

❸ electric　　　•

• (불 · 전깃불이) 나가다

❹ mechanic　　•

• 섬

C 우리말 해석에 맞도록 <보기>에서 알맞은 단어를 골라 빈칸에 쓰세요.

> 보기　　　　　　　　nobody　　drives　　used

❶ 나의 아버지는 택시를 운전하신다.

→ My father _____ a taxi.

❷ 그 서점은 오직 중고 책만 판다.

→ The bookstore only sells _____ books.

❸ 그는 도움을 요청했지만, 아무도 그를 도와주지 않았다.

→ He asked for help, but _____ helped him.

The Power to Be Warm

The word "heat" often means **hot** weather. But in science, the word means something different. It is the **flow** of energy from warm **areas** to **cooler** areas. When two **objects** are together but have different temperatures, heat moves from the hotter place to the cooler place.

Heat energy is all around us. We use it every day. A heater **keeps** our house warm. We also use heat for cooking. The heat cooks our food. And we use hot water for a bath. Hot water can **warm up** our bodies. Plants also use heat energy. They get heat energy from the sun and make food with it.

● ● **주요 단어와 표현**

word 단어   often 흔히, 보통   mean 의미하다   weather 날씨   together 함께, 같이   temperature 온도   place 곳, 장소   all around 사방에   heater 난방기, 히터   bath 목욕

1 이 글에서 중심이 되는 한 단어를 찾아 써 보세요.

중심
생각

_____

2 이 글은 무엇에 대해 설명하는 내용인가요?

세부
내용

① 화상 입었을 때 대처법 ② 열에너지의 특징과 예시

③ 열에너지로 움직이는 물체 ④ 우리 몸에서 열이 나는 원인

3 글의 내용과 맞는 것에는 ○표, 틀린 것에는 ✕표 하세요.

세부
내용

(a) 과학에서 열은 에너지의 흐름을 의미하기도 한다. _____

(b) 두 개의 물체가 온도가 같을 때, 열은 이동한다. _____

(c) 우리 주변에서 열에너지를 쉽게 찾아볼 수 있다. _____

4 글의 내용을 잘못 이해한 사람을 고르세요.

내용
응용

① 연우: 난방기에서 나오는 열에너지가 우리집을 따뜻하게 해줘.

② 보나: 햇볕이 잘 드는 곳에서 식물은 양분을 만들어.

③ 지용: 체온이 낮을 때는 뜨거운 물로 목욕하면 안 돼.

④ 혜린: 음식을 요리하기 위해서는 열에너지를 사용해야 해.

STEP 2

Build Up
글을 읽고, 빈칸에 <보기>의 단어를 채워 열에너지의 특징을 완성하세요.

보기   make   heater   warm up   cooks   sun

Our house stays warm
because of a
a _____.

Heat **b** _____
our food.

**Heat energy
around us**

A hot bath can
c _____ our
bodies.

Plants get heat energy from
the **d** _____ and
e _____ food
with it.

STEP 3

Sum Up
빈칸에 알맞은 말을 <보기>에서 찾아 쓰세요.

보기   cooking   flow   cooler   use   food

In science, heat is the **a** _____ of energy from warm areas to
b _____ areas. We use heat energy every day. Because of it, we can
do many things. We use heat to keep the house warm. We also use heat for
c _____ and taking baths. Plants also **d** _____ heat
energy. They get it from the sun and make **e** _____ with it.

A 아래 그림에 알맞은 단어를 고르세요.

1

2

3

☐ weather

☐ temperature

☐ bath

☐ heater

☐ hot

☐ cool

B 주어진 단어의 알맞은 우리말 뜻을 찾아 연결하세요.

1 place ·

2 together ·

3 all around ·

4 warm up ·

· 함께, 같이

· 따뜻하게 하다

· 곳, 장소

· 사방에

C 우리말 해석에 맞도록 <보기>에서 알맞은 단어를 골라 빈칸에 쓰세요.

보기	cool	keep	object

1 너는 감자를 시원하고 건조한 곳에 두어야 한다.

→ You should put potatoes in a _____ , dry place.

2 냉장고는 음식을 신선하게 유지시킨다.

→ Refrigerators _____ food fresh.

3 그 방에 있던 유일한 물건은 의자 하나였다.

→ The only _____ in that room was a chair.

Muffins in the Oven

Larry wanted toast for **breakfast**. He put some **bread** in the toaster. But he burned it. His sister, Kate, said, "You **left** the bread in the toaster too long!" She started to make muffins. She put the muffin *batter into a metal pan. Then she **turned on** the oven. She **set** it to a medium heat and put the pan inside.

Kate and Larry watched the muffins in the oven. Kate said, "In the oven, the heat goes all around the muffins. It will _____ (A) _____ the **bottoms** and the **sides**, too." Later, Larry put on oven gloves and took the pan out of the oven. The muffins **smelled** delicious.

*batter (우유·달걀·밀가루 등의) 반죽

●● **주요 단어와 표현**

muffin 머핀 ((컵 모양의 빵)) oven 오븐 toast 토스트, 구운 빵 put(- put) 놓다, 두다 *put A into B(- put A into B) A를 B 안에 넣다 put on(- put on) ~을 끼다 toaster 토스터, 빵 굽는 기구 metal pan 금속 팬 medium 중간의 inside 안으로, 안에 watch(- watched) 지켜보다 gloves 장갑 take out of(- took out of) ~에서 꺼내다 delicious 맛있는

Check Up

1

중심
생각

이 글의 알맞은 제목을 고르세요.

① 올바른 오븐 사용법

③ 맛있는 토스트 만들기

② 토스터와 오븐의 차이점

④ Larry의 토스트와 Kate의 머핀

2

세부
내용

글에서 Larry가 한 일이 <u>아닌</u> 것을 고르세요.

① 토스터에 빵을 넣었다.

② 오븐의 전원을 켰다.

③ 머핀이 익어가는 것을 지켜보았다.

④ 머핀을 오븐에서 꺼냈다.

3

세부
내용

글에 나온 내용이 <u>아닌</u> 것을 고르세요.

① 토스트가 탄 이유

③ 머핀을 만드는 과정

② 오븐의 온도

④ 완성된 머핀의 개수

4

빈칸
추론

글의 빈칸 (A)에 들어갈 말로 가장 알맞은 것을 고르세요.

① burn   ② cool   ③ cook   ④ make

5

세부
내용

글에 등장하는 단어로 빈칸을 채워 보세요.

Kate _____ⓐ_____ the oven to a medium heat. The _____ⓑ_____ went all around the muffins.

ⓐ: _____   ⓑ: _____

Build Up Kate와 Larry가 머핀을 만드는 순서에 맞게 빈칸에 번호를 쓰세요.

①  Put on oven gloves and take the pan out of the oven.

②  Turn on the oven and set it to a medium heat.

③  Put the pan in the oven and bake the muffins.

④  Put the muffin batter into a metal pan.

 Sum Up 빈칸에 알맞은 말을 <보기>에서 찾아 쓰세요.

보기   put   bottoms   heat   delicious   left

Larry ⓐ _____ bread in the toaster too long and burned it. So Kate started to make muffins. She ⓑ _____ the muffin batter into a metal pan. Then she turned on the oven and set it to a medium ⓒ _____ . Larry and Kate watched the muffins in the oven. The heat cooked the ⓓ _____ and the sides. When Larry took the pan out of the oven, the muffins smelled ⓔ _____ .

Look Up

A 아래 그림에 알맞은 단어를 고르세요.

❶

- ☐ put on
- ☐ take out of

❷

- ☐ side
- ☐ bottom

❸

- ☐ set
- ☐ watch

B 주어진 단어의 알맞은 우리말 뜻을 찾아 연결하세요.

❶ medium •
❷ delicious •
❸ breakfast •
❹ turn on •

• 아침식사
• (전원을) 켜다
• 맛있는
• 중간의

C 우리말 해석에 맞도록 <보기>에서 알맞은 단어를 골라 빈칸에 쓰세요.

> 보기   smells   leave   side

❶ 그 고기를 팬에 1분만 더 그대로 둬.

→ _____ the meat in the pan for one more minute.

❷ 저 꽃은 달콤한 냄새가 난다.

→ That flower _____ sweet.

❸ 그는 개집의 오른쪽 면을 페인트칠 했다.

→ He painted the right _____ of the dog house.

CHAPTER 4 Tour

MYTH 01

나이아가라 폭포(Niagara Falls)는
'천둥소리를 내는 물'이라는 의미로
예전에 사람들이 폭포 소리를 두려워했대요.

Niagara Falls

village	명 마을
villager	명 마을 사람
believe (- believed)	동 믿다
giant	형 거대한
poison (- poisoned)	동 독을 넣다
find out (- found out)	알아내다, 발견하다
warn (- warned)	동 경고하다
never	부 절대 ~ 않다

WORLD 02

블랙 투어리즘이라고 불리는 이 여행의
목적지는 주로 전쟁, 학살 등 비극적인
역사의 현장이나 재해가 일어난 곳이에요.

Travel to Dark Places

travel (- traveled)	동 여행하다 명 여행
reason	명 이유
learn (- learned)	동 배우다
open	형 개방된, 열린
shocked	형 충격을 받은, 너무 놀란
famous	형 유명한 *famous for ~로 유명한
remember (- remembered)	동 기억하다

VOCA

TRAVEL 03

괌은 서태평양에 위치한 섬으로 아름다운 경치와 볼거리가 다양한 관광지랍니다.

Family Trip to Guam

stay (- stayed)	동 머물다, 묵다
go on (- went on)	~하러 가다, 떠나다
close	부 가까이 *up close 바로 가까이에(서)
last	형 1 마지막의, 끝의 2 지난, 바로 전의
get to (- got to)	~에 도착하다
beach	명 해변, 바닷가
instead	부 대신에

NATURE 04

몰디브에 있는 여러 섬 중 이곳은 화려한 밤 풍경으로 알려져 많은 관광객들이 방문한답니다.

The Sea of Stars

wonderful	형 멋진, 놀랄 만한
tourist	명 관광객
hope (- hoped)	동 바라다, 희망하다
glow (- glowed)	동 빛나다, 빛을 내다
light	명 빛
light up (- lit up)	빛이 나다
for sure	확실히, 틀림없이

Niagara Falls

Many years ago, there was a **village** near the Niagara River. Many **villagers** died every year. Some of them **believed** the Thunder God was angry. Every year, ⓐ they sent a beautiful woman down the river to please the God.

After several years, ⓑ they sent the village chief's daughter. She fell into the falls at the end of the river. She met the sons of the Thunder God and asked them, "Why are my people dying?" ⓒ They answered, "A **giant** snake **poisons** the river every year."

After the daughter **found out** about the poisonous river, she appeared as a spirit to the villagers. She **warned** them about the ____(A)____ . So, ⓓ they killed it and **never** sent women down the river again.

●● **주요 단어와 표현**

falls 폭포   die(- died) 죽다   thunder god 천둥신   send(- sent) 보내다 *send A down B(- sent A down B) A를 B로 내려보내다   please 기쁘게 하다, 만족시키다   several 몇몇의   chief 족장, 우두머리   daughter 딸 *son 아들   fall into (- fell into)~에 빠지다   meet(- met) 만나다   people 백성; 사람들   answer(- answered) 대답하다   poisonous 독이 있는   appear(- appeared) 나타나다   spirit 영혼

Check Up

1 이 글의 알맞은 제목을 고르세요.

① 천둥신이 내린 재앙

② 천둥신의 최후의 경고

③ 뱀과 맞서 싸운 여인

④ 마을을 구한 족장의 딸

2 글의 내용과 맞는 것에는 O, 틀린 것에는 X표 하세요.

(a) 마을 사람들은 매년 강으로 여자를 내려보냈다. _____

(b) 족장의 딸은 천둥신을 만났다. _____

(c) 천둥신의 아들들은 마을 사람들에게 경고했다. _____

3 밑줄 친 ⓐ~ⓓ 중 가리키는 대상이 **다른** 것을 고르세요.

① ⓐ

② ⓑ

③ ⓒ

④ ⓓ

4 글의 빈칸 (A)에 들어갈 말로 가장 알맞은 것을 고르세요.

① snake

② falls

③ sons

④ Thunder God

5 글에 등장하는 단어로 빈칸을 채워 보세요.

> The sons of the Thunder God answered, "Villagers are _____ⓐ_____ because a giant snake _____ⓑ_____ the river every year."

ⓐ: _____   ⓑ: _____

STEP 2

Build Up 주어진 원인에 알맞은 결과를 연결하세요.

Cause | 원인

Effect | 결과

1 Many villagers died every year. Some villagers believed the Thunder God was angry.

2 The daughter appeared as a spirit to the villagers and warned them.

3 A giant snake poisoned the river every year.

(A) The villagers killed the snake and never sent women down the river again.

(B) The villagers sent a beautiful woman down the river every year to please the God.

(C) Many villagers died every year.

STEP 3

Sum Up 빈칸에 알맞은 단어를 <보기>에서 찾아 쓰세요.

보기	giant believed killed sent warned

Many villagers __a_____ that the Thunder God was angry. One year, they __b_____ the chief's daughter down the river. After the daughter met the sons of the Thunder God, she found out about the __c_____ snake. She appeared as a spirit to the villagers and __d_____ them about it. The villagers __e_____ the snake and stopped sending women down the river.

Look Up

A 아래 그림에 알맞은 단어를 고르세요.

①

② ③

① ☐ spirit
  ☐ village

② ☐ fall into
  ☐ send down

③ ☐ giant
  ☐ poisonous

B 주어진 단어의 알맞은 우리말 뜻을 찾아 연결하세요.

① die　　　　　　　　　　　　•　나타나다

② poison　　　　　　　　　　•　알아내다, 발견하다

③ appear　　　　　　　　　　•　독을 넣다

④ find out　　　　　　　　　•　죽다

C 우리말 해석에 맞도록 <보기>에서 알맞은 단어를 골라 빈칸에 쓰세요.

보기	never　　　warned　　　believe

① 내 할머니는 내게 낯선 사람들에 대해 경고하셨다.

　→ My grandmother ＿＿＿＿＿＿＿ me about strangers.

② 나는 네게 절대 다시 거짓말하지 않을게.

　→ I will ＿＿＿＿＿＿＿ lie to you again.

③ 나는 이 길이 맞는 길이라고 믿는다.

　→ I ＿＿＿＿＿＿＿ that this is the right way.

Travel to Dark Places

We **travel** for different **reasons**. Some of us travel to relax. Others travel to **learn** history. *Dark tourism is **travel** to "dark places." They are places of death and pain.

Many people visit **Auschwitz in Poland. During World War II, it was a ***labor camp. Many people from Europe died there. Today, the camp is **open** to visitors. Many of them get **shocked** when they see the nails and hair of the victims.

New York is also **famous for** dark tourism, but many people don't know that. The city had terrorist attacks in 2001. After that, the city built museums to **remember** the _____(A)_____.

*dark tourism 다크 투어리즘
**Auschwitz 아우슈비츠
***labor camp 강제 노동 수용소

●● 주요 단어와 표현

dark 암울한, 음울한　different 다양한　relax(- relaxed) 휴식을 취하다　history 역사　tourism 관광　death 죽음
pain 아픔, 고통　visit 방문하다 *visitor 방문객　during ~ 동안　World War II 제2차 세계대전　nail 손톱　hair 머리(털)
victim 희생자　New York 뉴욕　terrorist attack 테러 공격　build(- built) 짓다　museum 박물관

1 이 글은 무엇에 대해 설명하는 내용인가요?

중심
생각

> 다크 투어리즘의 _____

① 목적　　　　　② 여행지　　　　　③ 인기 비결　　　　　④ 탄생 배경

2 글의 내용과 맞는 것에는 ○, 틀린 것에는 ✕표 하세요.

세부
내용

(a) 어떤 사람들은 역사를 배우기 위해 여행한다.　　　　　　_____

(b) 폴란드의 강제 노동 수용소는 관광객에게 공개되지 않는다.　　_____

(c) 뉴욕은 2001년의 테러 공격 이후에 박물관들을 지었다.　　_____

3 글을 읽고 대답할 수 있는 질문을 고르세요.

세부
내용

① Why do people travel to learn history?

② Why did the labor camp become open to visitors?

③ What can visitors see at the labor camp?

④ How many people died in the terrorist attacks in New York?

4 글의 빈칸 (A)에 들어갈 말로 가장 알맞은 것을 고르세요.

빈칸
추론

① camps　　　　　② victims　　　　　③ visitors　　　　　④ tourism

5 글에 등장하는 단어로 빈칸을 채워 보세요.

중심
생각

> Dark tourism is _____ to "dark places" like Auschwitz and New York.
> They are places of death and _____.
>
> ⓐ　　　　　　　　ⓑ

ⓐ: _____　　　　　　　ⓑ: _____

Build Up

글을 읽고, 빈칸에 <보기>의 단어를 채워 아래 표를 완성하세요.

보기	open remember had died

Dark Places

Auschwitz

- It was a labor camp during World War II.
- Many people from Europe
  a _____ there.
- It's now b _____ to visitors.

New York

- It c _____ terrorist attacks in 2001.
- It built museums to
  d _____ the victims.

Sum Up

빈칸에 알맞은 단어를 <보기>에서 찾아 쓰세요.

보기	museums shocked death travel dark

Dark tourism is a _____ to places of b _____ and pain. During World War II, many people died in Auschwitz, Poland. Visitors get c _____ when they see the nails and hair of the victims. Many people don't know that New York is also a d _____ place. The city had terrorist attacks in 2001. People visit the e _____ and remember the victims.

A 아래 그림에 알맞은 단어를 고르세요.

①

☐ build
☐ travel

②

☐ pain
☐ tourism

③

☐ relax
☐ learn

B 주어진 단어의 알맞은 우리말 뜻을 찾아 연결하세요.

① reason   •

② open   •

③ history   •

④ remember   •

  • 기억하다

  • 역사

  • 개방된

  • 이유

C 우리말 해석에 맞도록 <보기>에서 알맞은 단어를 골라 빈칸에 쓰세요.

보기	learn	famous	shocked

① 이 식당은 피자로 유명하다.

→ This restaurant is _____ for its pizza.

② 나는 한국사에 대해 배우고 싶다.

→ I want to _____ about Korean history.

③ Wendy는 그 나쁜 소식에 충격을 받았다.

→ Wendy was _____ at the bad news.

TRAVEL
03
Family Trip to Guam

Dates: December 20th to 26th

Location: *Guam

Who: My parents, my brother, and I

What we did:

We **stayed** at a beautiful hotel. First, we visited Two Lovers Point. Then we went to UnderWater World. We saw many sea animals there. We also **went on** a dolphin cruise. We saw dolphins **up close**! On the **last** day, we went shopping. We bought many gifts for our friends!

What we ___(A)___ :

We visited many restaurants. We had barbecue and a lot of seafood. We also tried hamburgers and steak.

The best part of the trip:

We could easily **get to** the **beach** from our hotel. My parents relaxed on the beach. My brother and I swam **instead**. We watched the sunset. It was beautiful.

*Guam 괌 ((서태평양에 있는 미국령 섬))

● ● **주요 단어와 표현**

trip 여행   December 12월   location 위치, 장소   dolphin 돌고래   cruise 유람선 여행, 크루즈   go shopping (- went shopping) 쇼핑하러 가다   buy(- bought) 사다   barbecue 바비큐   a lot of 많은   seafood 해산물   try(- tried) 먹어 보다   steak 스테이크   easily 쉽게   swim(- swam) 수영하다   sunset 일몰, 저녁노을

Check Up

정답과 해설 p.40

1 이 글은 어떤 종류의 글인가요?

중심
생각

① 관광지 정보를 전달하는 안내문

② 안부, 소식을 적어 보내는 편지글

③ 여행 체험이나 느낀 점을 쓴 기행문

④ 지식이나 정보를 사실대로 전달하는 설명문

2 글의 내용과 **틀린** 것을 고르세요.

세부
내용

① 글쓴이는 가족과 함께 여행했다.

② 글쓴이의 가족은 호텔에 머물렀다.

③ 글쓴이는 가까이서 돌고래를 보았다.

④ 글쓴이는 해변에서 휴식을 취했다.

3 글에 나온 내용이 **아닌** 것을 고르세요.

세부
내용

① 괌 여행 기간   ② 머물렀던 호텔 이름

③ 마지막 날 한 일   ④ 여행의 가장 좋았던 부분

4 글의 빈칸 (A)에 들어갈 말로 가장 알맞은 것을 고르세요.

빈칸
추론

① saw   ② ate   ③ made   ④ bought

5 글에 등장하는 단어로 빈칸을 채워 보세요.

중심
생각

My family went on a family _____ⓐ_____ to Guam. The best part of the trip
was getting to the _____ⓑ_____ easily from our hotel.

ⓐ: _____   ⓑ: _____

Build Up

괌 여행 중 방문했던 장소와 그곳에서 한 일을 알맞게 연결하세요.

(A) We bought many gifts for our friends.

(B) We swam and watched the sunset.

(C) We saw dolphins up close.

(D) We saw many sea animals there.

Sum Up

빈칸에 알맞은 말을 <보기>에서 찾아 쓰세요.

보기	get to shopping December seafood visited

Family Trip to Guam	
Dates	**a** _____ 20th to 26th
What we did	• **b** _____ Two Lovers Point and UnderWater World. • went on a dolphin cruise. • went **c** _____ to buy gifts for friends.
What we ate	• had barbecue and a lot of **d** _____. • tried hamburgers and steak.
The best part of the trip	We could easily **e** _____ the beach from our hotel.

Look Up

A 아래 그림에 알맞은 단어를 고르세요.

❶

☐ cruise
☐ sunset

❷

☐ stay
☐ go shopping

❸

☐ trip
☐ barbecue

B 주어진 단어의 알맞은 우리말 뜻을 찾아 연결하세요.

❶ location •

❷ get to •

❸ go on •

❹ last •

• ~하러 가다

• 마지막의; 지난

• 위치

• ~에 도착하다

C 우리말 해석에 맞도록 <보기>에서 알맞은 단어를 골라 빈칸에 쓰세요.

보기	instead	stay	close

❶ 너무 추워. 나는 집에 머물 거야.

→ It's too cold. I will _____ at home.

❷ Jane은 초콜릿 케이크를 대신 선택했다.

→ Jane chose chocolate cake _____.

❸ 그 개에게 너무 가까이 가지 마.

→ Don't go too _____ to the dog.

The Sea of Stars

The world is full of wild and **wonderful** places. *Vaadhoo Island in Maldives is one of these places. **Tourists** visit there and **hope** to see the Sea of Stars.

What's special about the place? It **glows** in the dark! Millions of **plankton live in the sea. One type of plankton makes **light** when it is stressed. Then the sea looks like it's full of stars.

Many tourists visit Vaadhoo Island to see the Sea of Stars, but no one can tell when or where. The plankton **light up** only in the right conditions. The _____(A)_____ and location change often. Nothing is **for sure**. That's nature!

*Vaadhoo Island 바드후 섬
**plankton 플랑크톤 ((물의 움직임에 따라 수중에 떠 있는 생물))

●● **주요 단어와 표현**

full of ~으로 가득 찬   wild 자연 그대로의   special 특별한   dark 어둠   millions of 수백만의   type 종류   stressed 스트레스를 받은   look like ~처럼 보이다   no one 아무도 ~ 않다 *nothing 아무것도 ~아니다   right 알맞은   conditions (주위의) 환경, 상황   change 변하다   often 자주, 종종   nature 자연

1

중심
생각

이 글의 알맞은 제목을 고르세요.

① 바다 생물의 스트레스   ② 바닷속의 다양한 플랑크톤

③ 반짝이는 별이 가득한 바다   ④ 바드후 섬의 독특한 여행 문화

2

세부
내용

별의 바다(the Sea of Stars)에 대해 글의 내용과 <u>틀린</u> 것을 고르세요.

① 바드후 섬 바다에서 볼 수 있다.

② 관광객에게 인기 있는 명소이다.

③ 별이 가득 찬 것처럼 보인다.

④ 항상 일정한 시간에 볼 수 있다.

3

세부
내용

바드후 섬의 바다가 어둠 속에서 빛나는 이유는 무엇인가요?

① 별빛이 바다에 반사되기 때문에

② 다양한 바다 생물이 살기 때문에

③ 스트레스를 받은 플랑크톤 때문에

④ 바드후 섬의 바닷물이 맑기 때문에

4

빈칸
추론

글의 빈칸 (A)에 들어갈 말로 가장 알맞은 것을 고르세요.

① name   ② time   ③ color   ④ light

5

중심
생각

글에 등장하는 단어로 빈칸을 채워 보세요.

On Vaadhoo Island, the Sea of Stars _____ⓐ_____ in the dark, but it only happens in the _____ⓑ_____ conditions.

ⓐ: _____   ⓑ: _____

Build Up 주어진 질문에 알맞은 대답을 연결하세요.

Question | 질문

Answer | 대답

1 Why do many tourists visit Vaadhoo Island?

2 What is special about the Sea of Stars?

3 When and where can we find it?

(A) The sea glows in the dark. It looks like it's full of stars.

(B) No one can tell the time or location.

(C) They hope to see the Sea of Stars.

STEP 3

Sum Up 빈칸에 알맞은 단어를 <보기>에서 찾아 쓰세요.

| 보기 | glows   change   conditions   when   wonderful |

The world is full of wild and **a** _____ places. One of these places is the Sea of Stars on Vaadhoo Island. It **b** _____ in the dark because one type of plankton makes light. Many tourists visit the island to see the sea, but no one knows **c** _____ or where. Because the plankton only light up in the right **d** _____, the time and location **e** _____ often.

Look Up

A 아래 그림에 알맞은 단어를 고르세요.

1 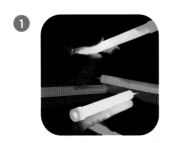 **2**  **3**

☐ glow ☐ dark ☐ nature

☐ change ☐ full of ☐ tourist

B 주어진 단어의 알맞은 우리말 뜻을 찾아 연결하세요.

1 right •   • 특별한

2 special •   • 확실히, 틀림없이

3 light •   • 빛

4 for sure •   • 알맞은

C 우리말 해석에 맞도록 <보기>에서 알맞은 단어를 골라 빈칸에 쓰세요.

보기	hopes	light up	wonderful

1 어떤 곤충들은 어둠 속에서 빛이 난다.

→ Some insects _____ in the dark.

2 그는 정말로 이 게임을 이기기를 바란다.

→ He really _____ to win this game.

3 그 집은 멋진 바다 전망이 있다.

→ The house has a _____ view of the sea.

Unique

CHAPTER 5

SPORTS

01

서로 다른 두 가지를 섞어보면,
서로의 장점이 섞여 전보다 더 좋은 것을
만들 수도 있어요.

Two Becomes One

mix (- mixed)	통 섞다
create (- created)	통 만들어 내다
hit (- hit)	통 치다, 때리다
part	명 부분, 부위
point	명 점수
unique	형 독특한, 특이한
round	명 (경기의) 회, 라운드 형 원형의, 둥근

CULTURE

02

인도에서는 겨울이 가고 봄이 오면
축하의 의미로 'Holi(홀리)'라는 축제를
다 같이 즐겨요.

A Colorful Festival

wait (- waited)	통 기다리다 *wait for ~을 기다리다
exciting	형 신나는 *the most exciting 가장 신나는
festival	명 축제, 페스티벌
street	명 거리, 도로
paint	명 물감
shout (- shouted)	통 외치다, 소리치다
fun	형 재미있는, 즐거운

WORLD

03

하룻밤 독특한 경험을 할 수 있는
전 세계의 신기한 호텔들에 대해
알아보아요.

Wild Places

adventure	몡 모험
dangerous	혱 위험한
be made of	~로 만들어지다, 구성되다
enjoy (- enjoyed)	동 즐기다
view	몡 경관, 전망
like	전 1 (예를 들어) ~와 같은 2 ~와 비슷한
climb (- climbed)	동 올라가다, 오르다

NATURE

04

세상에는 다양하고 특이하게 생긴
식물들이 많이 있어요.

A Sheep in the Garden

first	붗 맨 먼저, 우선
wool	몡 양털, 털
stop (- stopped)	동 멈추다, 중단하다 *stop to ~하기 위해 멈추다
usually	붗 보통, 대개
do (- did)	동 하다
work (- worked)	동 작용하다
protection	몡 보호
amazing	혱 놀라운

01 Two Becomes One

People sometimes **mix** two different sports and **create** a new one. One is *bossaball. It's similar to volleyball, but you play it with **trampolines. Each team has four players. They can **hit** the ball with any **part** of their bodies up to five times. Then they send the ball to the other side for **points**.

Another **unique** sport is ***chessboxing. You can play a thinking sport and a _____(A)_____ sport at the same time. There are eleven **rounds** in total. Players play chess in one round and box in the next. Chessboxing is popular in Germany, the U.K., India, and Russia.

*bossaball 보사볼
**trampoline 트램펄린 ((넓은 그물망 위에 올라가 점프를 할 수 있는 운동 기구))
***chessboxing 체스복싱

● ● ● 주요 단어와 표현

sometimes 때때로 similar to ~와 비슷한 volleyball 배구 each 각각의, 각자의 player 선수 up to ~까지 send 보내다 other side 반대쪽 another 또 하나의 thinking 생각하는 at the same time 동시에 in total 총, 통틀어 box 권투를 하다 popular 인기 있는

1

중심
생각

이 글은 무엇에 대해 설명하는 내용인가요?

① 스포츠 정신

② 독특한 스포츠

③ 보사볼의 역사

④ 권투 선수의 조건

2

세부
내용

보사볼을 이루는 두 스포츠로 알맞게 짝지어진 것을 고르세요.

① 배구 – 권투

② 배구 – 트램펄린

③ 체스 – 트램펄린

④ 체스 – 권투

3

세부
내용

체스복싱에 대해 글에 <u>없는</u> 내용을 고르세요.

① 한 경기에 총 11회가 있다.

② 체스와 권투를 한 라운드씩 번갈아 한다.

③ 권투를 3회 이상 이겨야 한다.

④ 세계 여러 나라에서 인기가 있다.

4

빈칸
추론

글의 빈칸 (A)에 들어갈 말로 가장 알맞은 것을 고르세요.

① sending
② mixing
③ jumping
④ fighting

5

중심
생각

글에 등장하는 단어로 빈칸을 채워 보세요.

People sometimes _____ⓐ_____ two different sports and create a new one.
Bossaball and chessboxing are _____ⓑ_____ sports.

ⓐ : _____

ⓑ : _____

STEP 2

 Build Up 글을 읽고, 빈칸에 <보기>의 단어를 채워 보사볼과 체스복싱의 특징을 완성하세요.

보기	round four part popular points

Unique Sports

Volleyball + Trampoline = Bossaball

- Each team has ⓐ _____ players.
- Players can hit the ball with any ⓑ _____ of their bodies.
- They send the ball to the other side for ⓒ _____.

Chess + Boxing = Chessboxing

- Players play chess in one ⓓ _____ and box in the next.
- It is ⓔ _____ in Germany, the U.K., India, and Russia.

STEP 3

Sum Up 빈칸에 알맞은 단어를 <보기>에서 찾아 쓰세요.

보기	mix box thinking same

People sometimes ⓐ _____ two different sports and create a unique one. Bossaball and chessboxing are good examples. In bossaball, players play volleyball on a trampoline. In chessboxing, players can play a ⓑ _____ sport and a fighting sport at the ⓒ _____ time. They play chess in one round and ⓓ _____ in the next.

A 아래 그림에 알맞은 단어를 고르세요.

①

②

③

☐ mix   ☐ box   ☐ part

☐ send   ☐ hit   ☐ player

B 주어진 단어의 알맞은 우리말 뜻을 찾아 연결하세요.

① another   •   • 동시에

② round   •   • 독특한, 특이한

③ unique   •   • (경기의) 회, 라운드

④ at the same time •   • 또 하나의

C 우리말 해석에 맞도록 <보기>에서 알맞은 단어를 골라 빈칸에 쓰세요.

보기	create	part	points

① 그녀의 이야기 중 오직 이 부분만 사실이다.

→ Only this _____ of her story is true.

② 내 꿈은 아름다운 음악을 만들어 내는 것이다.

→ My dream is to _____ beautiful music.

③ 그 팀은 30점을 득점했다.

→ The team scored 30 _____.

02 A Colorful Festival

Today was *Holi. My sister and I **waited for** this day because it is **the most exciting festival**! On Holi, people go out into the **streets** and rub colored powders or **paints** on each other's faces and bodies. In the morning, my sister and I got ready and went outside.

When we went out, our friends were already gathered. We threw balloons and shot water guns at each other. The balloons and water guns were filled with paints. Everyone was **shouting** "Holi! Holi!" We danced and sang with the people. The streets were full of

_____(A)_____. They came from all over the world for this festival. Holi was so **fun**!

*Holi 매년 2월~3월경 인도 전역에서 열리는 봄맞이 축제

● ● **주요 단어와 표현**

colorful 다채로운   rub 문지르다   colored 색깔이 있는   powder 가루   each other 서로   were[was] gathered 모였다   already 이미   throw(- threw) 던지다   balloon 풍선   shoot(- shot) (총을) 쏘다   water gun 물총 were[was] filled with ~로 가득 찼다   sing(- sang) 노래하다

Check Up

1 이 글은 무엇에 대한 이야기인가요?

중심
생각

① Holi 축제의 기원   ② Holi 축제 날의 모습

③ 화려한 미술 전시회   ④ 세계 다양한 물총 축제

2 글의 내용과 <u>틀린</u> 것을 고르세요.

세부
내용

① 사람들은 Holi 축제 날에 거리로 나온다.

② 글쓴이 'I'는 나가서 친구들을 기다렸다.

③ 물총은 물감으로 가득 차 있었다.

④ 모두가 거리에서 'Holi'라고 외쳤다.

3 Holi 축제 때 사용하는 물건이 <u>아닌</u> 것을 고르세요.

세부
내용

① 물총   ② 풍선   ③ 밀가루   ④ 색가루

4 글의 빈칸 (A)에 들어갈 말로 가장 알맞은 것을 고르세요.

빈칸
추론

① children   ② tourists   ③ painters   ④ dancers

5 글에 등장하는 단어로 빈칸을 채워 보세요.

중심
생각

> On Holi, people _____ⓐ_____ colored powders or paints on each other's
> _____ⓑ_____ and bodies.

ⓐ: _____   ⓑ: _____

Build Up
글을 읽고, 빈칸에 <보기>의 단어를 채워 Holi에 대한 설명을 완성하세요.

보기   bodies   balloons   paints   sing   streets

On Holi, people

- go out into the ⓐ _____.

- rub colored powders or paints on each other's faces and ⓑ _____.

- throw ⓒ _____ at each other.

- shoot water guns filled with ⓓ _____.

- dance and ⓔ _____ together.

Sum Up
빈칸에 알맞은 단어를 <보기>에서 찾아 쓰세요.

보기   danced   full   exciting   threw

My sister and I waited for Holi because it is the most ⓐ _____ festival. We went outside and ⓑ _____ balloons at each other with our friends. Everyone in the streets ⓒ _____ and sang together. The streets were ⓓ _____ of tourists from all over the world.

A 아래 그림에 알맞은 단어를 고르세요.

①

☐ festival
☐ balloon

②

☐ paint
☐ powder

③

☐ shout
☐ throw

B 주어진 단어의 알맞은 우리말 뜻을 찾아 연결하세요.

① already ·

· 거리, 도로

② shoot ·

· 문지르다

③ street ·

· (총을) 쏘다

④ rub ·

· 이미

C 우리말 해석에 맞도록 <보기>에서 알맞은 단어를 골라 빈칸에 쓰세요.

보기	exciting	wait for	fun

① 내가 도서관에서 너를 기다릴게.

→ I will _____ you at the library.

② 나는 어젯밤 흥미진진한 이야기를 읽었다.

→ I read an _____ story last night.

③ 컴퓨터 게임은 재미있어 보여.

→ The computer game looks _____ .

Wild Places

An **adventure** is an exciting or **dangerous** experience. Your hotel can be a part of your adventure. You can sleep in an igloo under the sky or in a rainforest tree house.

In Finland, you can stay in igloos. An igloo is a snow house. But the ones in Finland **are made of** glass. You'll **enjoy** a great **view** of the *northern lights.

Do you want to experience wildlife? Try a tree house in Peru. Animals **like** **squirrel monkeys often visit the house. But you have to **climb** 10 to 20 meters to the tree houses. Each tree house has curtains instead of windows. They keep you safe from the outside.

*northern lights 오로라, 북극광
**squirrel monkey 다람쥐원숭이

● ● ● **주요 단어와 표현**

wild 자연 그대로의 *wildlife 야생동물   experience 경험; 경험하다   hotel 호텔   part 부분   igloo 이글루   rainforest 열대 우림   Finland 핀란드   glass 유리   great 훌륭한   try 시도하다   Peru 페루   often 종종, 자주   have to ~해야 한다   curtain 커튼   instead of ~ 대신에   window 창문   keep A B A를 B하게 유지하다   safe 안전한   outside 외부, 바깥

1

중심
생각

이 글의 알맞은 제목을 고르세요.

① 흥미로운 이글루 생활

② 오로라를 볼 수 있는 장소

③ 다람쥐원숭이 보호 운동

④ 색다른 경험이 가능한 호텔

2

세부
내용

글의 내용과 맞는 것에는 ○표, 틀린 것에는 ✕표 하세요.

(a) 핀란드의 이글루 호텔은 얼음으로 만들어졌다. _____

(b) 핀란드의 이글루 호텔에서 야생동물을 볼 수 있다. _____

(c) 페루의 나무집 호텔에는 엘리베이터가 없다. _____

3

세부
내용

페루의 나무집 호텔에서 볼 수 <u>없는</u> 것을 고르세요.

① 나무　　　　② 다람쥐원숭이　　　　③ 창문　　　　④ 커튼

4

중심
생각

글에 등장하는 단어로 빈칸을 채워 보세요.

You can have an _____ⓐ_____ at your hotel. You can try a _____ⓑ_____ igloo in Finland or a tree house in Peru.

ⓐ: _____　　　　　　ⓑ: _____

Build Up   글에 등장한 호텔을 설명하는 내용에 알맞게 연결하세요.

(A) It is made of glass.

(B) It has curtains instead of windows.

1 An Igloo in Finland

(C) Squirrel monkeys often visit this place.

(D) You have to climb 10 to 20 meters to the house.

2 A tree house in Peru

(E) You can enjoy a great view of the northern lights.

(F) It looks like a snow house.

STEP 3

Sum Up   빈칸에 알맞은 단어를 <보기>에서 찾아 쓰세요.

보기   outside   glass   visit   enjoy   part

Your hotel can be a ⓐ _____ of your adventure. In Finland, you can sleep in an igloo. The igloo is made of ⓑ _____ . So you can ⓒ _____ a great view of the sky. In Peru, you can stay in a tree house. Animals often ⓓ _____ the tree house. The curtains keep you safe from the ⓔ _____ .

Look Up

A 아래 그림에 알맞은 단어를 고르세요.

① ☐ view
☐ igloo

② ☐ safe
☐ dangerous

③ ☐ climb
☐ be made of

B 주어진 단어의 알맞은 우리말 뜻을 찾아 연결하세요.

① wildlife ○　　　　　　　　○ 경험; 경험하다

② experience ○　　　　　　　　○ 시도하다

③ have to ○　　　　　　　　○ ~해야 한다

④ try ○　　　　　　　　○ 야생동물

C 우리말 해석에 맞도록 <보기>에서 알맞은 단어를 골라 빈칸에 쓰세요.

> 보기　　　　　　　　adventure　　　like　　　enjoys

① 나의 첫 번째 모험은 유럽 여행이었다.

→ My first _____ was a trip to Europe.

② 그녀는 주말마다 테니스를 치는 것을 즐긴다.

→ She _____ playing tennis on weekends.

③ 뱀은 쥐와 같은 작은 동물을 먹는다.

→ Snakes eat small animals _____ mice.

 A Sheep in the Garden

Dear Diary,

Today I went on a field trip to a *botanical garden. In the garden, we **first** went to "The Strangest Plants Room."

When I walked in, I was _____(A)_____. There was a sheep! But ⓐ it was actually a plant. Its name was "vegetable sheep." ⓑ Its leaves looked like **wool**. I **stopped to** read more about it.

Vegetable sheep **usually** live in high mountains. Surviving in high mountains is very tough, but vegetable sheep **do** ⓒ it in their own way. In winter, their leaves **work** as **protection** from snow, like a blanket. In summer, their gray leaves reflect the sun's rays. What ⓓ an **amazing** plant!

*botanical garden 식물원

● ● **주요 단어와 표현**

field trip 현장 학습   strange 이상한   plant 식물   actually 사실은, 실제로   look like(- looked like) ~처럼 보이다
mountain 산   survive 생존하다   tough 힘든, 어려운   own 자기 자신의   way 방법, 방식   blanket 담요   gray 회색의
reflect 반사하다   ray 광선

1

중심
생각

이 글의 유형으로 가장 알맞은 것을 고르세요.

① 편지　　　　　② 일기　　　　　③ 보고서　　　　　④ 기행문

2

세부
내용

vegetable sheep에 대해 글의 내용과 <u>틀린</u> 것을 고르세요.

① 주로 높은 산에서 볼 수 있다.

② 겨울에는 잎이 담요 역할을 한다.

③ 여름에는 잎이 초록색이 된다.

④ 잎은 태양 광선을 반사한다.

3

세부
내용

밑줄 친 ⓐ~ⓓ 중 가리키는 대상이 <u>다른</u> 것을 고르세요.

① ⓐ　　　　　② ⓑ　　　　　③ ⓒ　　　　　④ ⓓ

4

빈칸
추론

글의 빈칸 (A)에 들어갈 말로 가장 알맞은 것을 고르세요.

① lonely　　　　　② worried　　　　　③ surprised　　　　　④ strange

5

세부
내용

글에 등장하는 단어로 빈칸을 채워 보세요.

The vegetable sheep is a _____ⓐ_____, but its leaves look like _____ⓑ_____.

ⓐ: _____　　　　　　　ⓑ: _____

Build Up 주어진 질문에 알맞은 대답을 연결하세요.

Question | 질문

Answer | 대답

① What is the name of the plant?

② What does the plant look like?

③ Where can you find the plant?

④ What do the leaves do?

(A) It looks like a sheep. Its leaves looks like wool.

(B) In summer, they reflect the sun's rays.

(C) It's "vegetable sheep."

(D) You can usually find it in high mountains.

Sum Up 이야기 순서에 맞게 빈칸에 번호를 쓰세요.

① When I walked in the room, I was surprised. There was a sheep inside.

② It wasn't a sheep. It was actually a plant. Its leaves looked like wool.

③ I read more about the plant. The leaves work as protection from snow in winter.

④ I went to "The Strangest Plants Room" in the botanical garden.

☐ → ☐ → ☐ → ☐

Look Up

A 아래 그림에 알맞은 단어를 고르세요.

1
- ☐ wool
- ☐ mountain

2
- ☐ plant
- ☐ blanket

3
- ☐ way
- ☐ ray

B 주어진 단어의 알맞은 우리말 뜻을 찾아 연결하세요.

1 first ●   ● 하다

2 reflect ●   ● 보호

3 do ●   ● 맨 먼저

4 protection ●   ● 반사하다

C 우리말 해석에 맞도록 <보기>에서 알맞은 단어를 골라 빈칸에 쓰세요.

> 보기   wool   usually   stopped

1 나는 보통 자전거를 타고 학교에 간다.

→ I _____ go to school by bike.

2 그는 꽃 냄새를 맡기 위해 멈췄다.

→ He _____ to smell a flower.

3 그 장갑은 양털로 만들어졌다.

→ The gloves are made of _____ .

MEMO

MEMO

왓츠그래머 시리즈로
영문법의 기초를 다져보세요!

1 초등 교과 과정에서 필수인 문법 사항 총망라

2 세심한 난이도 조정으로 학습 부담은 DOWN

3 중, 고등 문법을 대비하여 탄탄히 쌓는 기초

Start

아이들이 영문법을 처음 접한다면?

초등 저학년을 위한 기초 문법서

+Plus

기초 문법 개념을 한 바퀴 돌렸다면?

초등 고학년을 위한 기초 & 심화 문법서

초등학생을 위한 필수 기초 & 심화 문법

①

초등 기초 & 심화 문법
완성을 위한 3단계 구성

②

누적·반복 학습이 가능한
나선형 커리큘럼

③

쉽게 세분화된 문법 항목과
세심하게 조정된 난이도

④

유닛별 누적 리뷰 테스트와
파이널 테스트 2회분 수록

⑤

워크북과 단어쓰기
연습지로 완벽하게 복습

쎄듀북닷컴(www.cedubook.com)에서 부가 자료를 무료로 다운로드할 수 있습니다.

쎄듀

1 구문
판매 1위 '천일문' 콘텐츠를 활용하여 정확하고 다양한 구문 학습

(끊어읽기) (해석하기) (문장 구조 분석) (해설·해석 제공) (단어 스크램블링) (영작하기)

2 문법·서술형
쎄듀의 모든 문법 문항을 활용하여 내신까지 해결하는 정교한 문법 유형 제공

(객관식과 주관식의 결합) (문법 포인트별 학습) (보기를 활용한 집합 문항) (내신대비 서술형) (어법+서술형 문제)

3 어휘
초·중·고·공무원까지 방대한 어휘량을 제공하며 오프라인 TEST 인쇄도 가능

(영단어 카드 학습) (단어 ↔ 뜻 유형) (예문 활용 유형) (단어 매칭 게임)

4 선생님 보유 문항 이용

(Online Test) (OMR Test)

김기훈 | 쎄듀 영어교육연구센터

Words
90 B

Read Along with Me!

왓츠
리딩
What's Reading

WORKBOOK

쎄듀

What's Reading

Words

90 B

• WORKBOOK •

01 Making a New Book

A 주어진 의미에 맞는 단어를 <보기>에서 골라 빈칸을 채우세요.

보기	look at	word	idea	fix	write	quiet	writing

명사 (글을) 쓰기, 집필	She has a lot of ❶ experience. 그녀는 집필 경험이 많다.
명사 단어	This ❷ means 'love' in French. 이 단어는 프랑스어로 '사랑'을 의미한다.
명사 생각, 아이디어	The surprise party was Clara's ❸ . 그 깜짝 파티는 Clara의 생각이었다.
동사 (글을) 쓰다	❹ in your diary every day. 매일 일기를 써라.
형용사 조용한	The room became ❺ when I closed the windows. 내가 창문들을 닫았을 때, 방은 조용해졌다.
동사 고치다, 수리하다	Dad will go up and ❻ the roof. 아빠는 올라가서 지붕을 고치실 것이다.
~을 보다, ~을 자세히 살펴보다	The doctor will ❼ your leg. 의사는 네 다리를 자세히 살펴볼 것이다.

B 아래 문장에서 주어에는 ○표, 동사에는 밑줄을 치세요.

> 보기 (She) <u>is</u> like a teacher.

❶ It needs pictures.

❷ After lots of writing, I send my story to my editor.

❸ I stay there and write all day long.

❹ The editor and I fix the story together.

C 주어진 우리말과 뜻이 같도록 문장을 완성해 보세요.

❶ 곧 종이에 많은 단어들이 있다.

→ Soon _____ .

(are / many words / on paper / there)

❷ 그러나 나는 보통 그것들에 만족하지 않는다.

→ But _____ .

(I / usually happy / am not / with them)

❸ 편집자가 그 이야기를 삽화가에게 보낸다.

→ _____ .

(an illustrator / the editor / to / sends / the story)

❹ 내 이야기는 책이 될 준비가 된다.

→ _____ .

(is ready / a book / to become / my story)

CHAPTER 1

02 What Is Fiction?

A 주어진 의미에 맞는 단어를 <보기>에서 골라 빈칸을 채우세요.

| 보기 | connect   beginning   fight   end   let   event   make   main |

명사 사건	The ❶ _____ shocked everyone. 그 사건은 모두를 깜짝 놀라게 했다.
명사 처음, 시작	The teacher introduced herself at the ❷ _____ of the class. 그 선생님은 수업 처음에 자신을 소개했다.
형용사 주요한, 주된	The ❸ _____ menu is a grilled steak with salad. 주메뉴는 샐러드를 곁들인 그릴에 구운 스테이크입니다.
명사 끝, (이야기의) 마지막, 결말	No one understood the ❹ _____ of the story. 아무도 그 이야기의 결말을 이해하지 못했다.
명사 싸움	I had a ❺ _____ with Amy. 나는 Amy와 싸움이 있었다.
동사 허락하다	My uncle didn't ❻ _____ me use his computer. 나의 삼촌은 내가 삼촌 컴퓨터를 사용하는 것을 허락하지 않으셨다.
동사 연결되다, 이어지다	This part doesn't ❼ _____ with the next. 이 부분은 다음 부분과 연결되지 않는다.
동사 (~가) 하도록 하다, 만들다	Mike tried to ❽ _____ his brother eat broccoli. Mike는 남동생이 브로콜리를 먹게 하려고 노력했다.

B 아래 문장에서 주어에는 O표, 동사에는 밑줄을 치세요.

> 보기　(We) <u>call</u> it fiction.

① A plot is a set of events.

② These events connect with one another.

③ For example, Cinderella doesn't meet the prince in the beginning.

④ Cinderella's stepmother makes her do all the housework.

C 주어진 우리말과 뜻이 같도록 문장을 완성해 보세요.

① 작가는 상상력으로 이야기를 만들어 낸다.

→ _____ .

(creates / a writer / a story / with imagination)

② 주인공과 적 사이의 싸움이 / 문제이다.

→ _____ / is the problem.

(between / and the enemy / the fight / the hero)

③ 왕자는 유리 구두를 사용한다 / 신데렐라를 찾기 위해.

→ _____ / _____ .

(Cinderella / the prince / the glass shoe / uses / to find)

④ 이 모든 사건들은 그녀가 왕자와 결혼하도록 이끈다.

→ _____ .

(her / lead / the prince / all these events / to marry)

CHAPTER 1.

03 An Interview with Marley

A 주어진 의미에 맞는 단어를 <보기>에서 골라 빈칸을 채우세요.

| 보기 | easily something notice culture special a few change |

명사 문화	Every **❶** is different and unique. 모든 문화는 다르고 독특하다.
대명사 어떤 것, 무엇인가	There is **❷** wrong with my cellphone. 내 휴대전화에 무엇인가가 잘못되었다.
형용사 특별한	This blanket is **❸** to me. 이 담요는 내게 특별하다.
몇, 약간의	She spent **❹** months in Italy. 그녀는 이탈리아에서 몇 달을 보냈다.
동사 알아차리다	I didn't **❺** any change in the room. 나는 방에 어떠한 변화도 알아차리지 못했다.
동사 변화시키다, 바꾸다	I want to **❻** my hair color this summer. 나는 이번 여름에 내 머리카락 색을 바꾸고 싶다.
부사 쉽게	Children can **❼** get sick in winter. 아이들은 겨울에 쉽게 아플 수 있다.

B 아래 문장에서 주어에는 ○표, 동사에는 밑줄을 치세요.

> 보기 Ⓘ love reading books.

❶ We found more than 9,000 books.

❷ Today, we have a special guest, a 16-year-old writer, Marley Dias.

❸ The campaign also changed children's literature.

❹ Now we can easily find books with characters from different cultures.

C 주어진 우리말과 뜻이 같도록 문장을 완성해 보세요.

❶ 나는 책들에 대해 뭔가 잘못된 점을 알아차렸다.

→ _____ .

(wrong / noticed / about / the books / I / something)

❷ 그 책들의 대부분은 백인 남자아이와 개에 관한 것이었다.

→ _____ .

(white boys and dogs / the books / most of / about / were)

❸ 주요 등장인물들은 나처럼 보이지 않았다.

→ _____ .

(look like / didn't / the main characters / me)

❹ 우리는 책들을 찾았다 / 흑인 여자아이들이 주요 등장인물로 나오는.

→ We found books / _____ .

(black girls / as / with / characters / main)

See New Worlds

A 주어진 의미에 맞는 단어를 <보기>에서 골라 빈칸을 채우세요.

> 보기   through   give   helpful   help   fear   useful   interest   feelings

명사 감정, 기분	Kate didn't mean to hurt your ❶ . Kate는 네 감정을 상하게 하려던 건 아니었어.
형용사 유용한, 쓸모 있는	A microwave is a very ❷ tool. 전자레인지는 아주 <u>유용한</u> 도구이다.
동사 주다	I didn't ❸ my sister any snacks. 나는 내 여동생에게 어떤 간식도 <u>주지</u> 않았다.
전치사 ~을 통하여	I got the job ❹ James. 나는 James를 통해 일자리를 얻었다.
형용사 도움이 되는	I got some ❺ advice from Jane. 나는 Jane에게 <u>도움이 되는</u> 조언을 좀 얻었다.
명사 두려움, 공포	My brother shakes with ❻ when he sees a dog. 내 남동생은 개를 보면 <u>두려움</u>에 몸을 떤다.
명사 관심사, 흥미	My main ❼ is knitting. 내 주요 <u>관심사</u>는 뜨개질이다.
동사 돕다, 거들다	My friends will ❽ you find your dog. 내 친구들은 네가 네 개를 찾도록 <u>도울</u> 것이다.

B 아래 문장에서 주어에는 ○표, 동사에는 밑줄을 치세요.

> 보기 (This) <u>helps</u> us put ourselves in other people's shoes.

① We see the world through a character's eyes.

② And fiction contains all human feelings.

③ We can feel passion, love, fear, and jealousy.

④ Nonfiction gives us useful information, but fiction is helpful too.

C 주어진 우리말과 뜻이 같도록 문장을 완성해 보세요.

① 우리는 자신의 관심사에 관한 책을 선택한다.

→ _____ .

(our interests / choose / we / about / books)

② 우리는 책 속의 등장인물이 된다.

→ _____ .

(become / we / a character / from the book)

③ 그것은 우리를 도와준다 / 새로운 세계를 보고 우리의 사고를 기르도록.

→ It helps us / _____ .

(and grow / see / our minds / new worlds)

④ 그러한 감정들은 우리의 삶을 더 풍요롭게 만든다.

→ _____ .

(make / richer / those feelings / our lives)

01 A Garden in the Classroom

A 주어진 의미에 맞는 단어를 <보기>에서 골라 빈칸을 채우세요.

| 보기 | miss   garden   plant   put   top   grow   gardener |

동사 놓치다	I will not ❶ _____ your birthday party. 나는 네 생일파티를 놓치지 않을 것이다.
동사 (식물을) 심다 명사 식물	What will you ❷ _____ in the garden? 너는 정원에 무엇을 심을 거니?
명사 맨 위	Sarah climbed to the ❸ _____ of the hill. Sarah는 언덕 맨 위까지 올랐다.
동사 자라다	Tomatoes ❹ _____ well under the sun. 토마토는 태양 아래에서 잘 자란다.
명사 정원사	The ❺ _____ watered the flowers. 그 정원사는 꽃에 물을 주었다.
동사 놓다, 두다	She ❻ _____ her bag under the desk. 그녀는 자신의 가방을 책상 아래에 두었다.
명사 정원	She spends a lot of time in her ❼ _____ . 그녀는 자신의 정원에서 많은 시간을 보낸다.

B 아래 문장에서 주어에는 ○표, 동사에는 밑줄을 치세요.

> 보기 (Sophia and Emily) <u>were</u> in the same class.

1 They each planted a seed into their own pots.

2 Emily started to take care of her plant and Sophia's.

3 That day, Sophia was sick and missed school.

4 Sophia did everything well, but Emily didn't.

C 주어진 우리말과 뜻이 같도록 문장을 완성해 보세요.

1 며칠 후에, / 그 씨앗들은 자라기 시작했다.

→ Days later, /_____.

(grow / started to / the seeds)

2 Sophia의 식물이 Emily의 것보다 약간 더 컸다.

→ _____.

(a little bigger / Emily's / Sophia's plant / than / was)

3 Emily는 Sophia와 Sophia의 식물이 안쓰러웠다.

→ _____.

(and Sophia's plant / Emily / Sophia / felt sorry for)

4 Emily는 반에서 최고의 정원사였다!

→ _____!

(in class / was / Emily / gardener / the best)

02 Food for Plants

A 주어진 의미에 맞는 단어를 <보기>에서 골라 빈칸을 채우세요.

보기   tiny   call   finally   sunlight   need   energy   hole

[부사] 마지막으로	❶ , I want to say thank you. 마지막으로, 나는 감사하다고 말하고 싶다.
[동사] 필요로 하다, 필요하다	I ❷ more coffee for the new guests. 나는 새로 온 손님들을 위해 더 많은 커피가 필요하다.
[형용사] 아주 작은	The baby squirrel was ❸ . 그 새끼 다람쥐는 아주 작았다.
[명사] 구멍	There is a ❹ in your sock. 네 양말에 구멍이 있다.
[명사] 에너지	All living things need ❺ to live. 모든 생명체는 살기 위해 에너지가 필요하다.
[명사] 햇빛	The room gets a lot of ❻ during the day. 그 방은 낮 동안에 햇빛이 많이 들어온다.
[동사] ~라고 부르다, 이름 짓다	When I have a daughter, I want to ❼ her Jane. 내가 딸이 생기면, 나는 그녀를 Jane이라 이름 짓고 싶다.

B 아래 문장에서 주어에는 ○표, 동사에는 밑줄을 치세요.

> 보기   And (plants) get water from the soil.

1 They make it inside their leaves.

2 Oxygen leaves the plants.

3 Scientists call this process photosynthesis.

4 They also use water and carbon dioxide from air.

C 주어진 우리말과 뜻이 같도록 문장을 완성해 보세요.

1 양분을 만들기 위해, / 식물은 햇빛에서 나오는 에너지가 필요하다.

→ To make their food, / _____ .

(need / from sunlight / plants / energy)

2 식물은 어디에서 그것들의 양분을 만들까?

→ _____ ?

(plants / their food / where / make / do)

3 그것은 잎에 있는 아주 작은 구멍에 들어간다.

→ _____ .

(the tiny holes / in leaves / goes into / it)

4 식물들은 양분과 산소를 만들기 시작한다.

→ _____ .

(start / food / plants / and oxygen / to make)

God and a Baobab Tree

A 주어진 의미에 맞는 단어를 <보기>에서 골라 빈칸을 채우세요.

보기	throw	without	save	rain	enough	easy	pull

동사 끌다, 당기다	The door says, "❶ ." 그 문에는 '당기세요'라고 쓰여 있다.
동사 던지다	Can you ❷ this ball further? 너는 이 공을 더 멀리 던질 수 있니?
전치사 ~ 없이, ~이 없는	We can't live ❸ air. 우리는 공기 없이 살 수 없다.
동사 1. 저장하다 2. 구하다	You need to ❹ some food for later. 너는 나중을 위해 음식을 조금 저장해야 한다.
형용사 충분한, 필요한 만큼의	Mike doesn't spend ❺ time with his dog. Mike는 자신의 개와 충분한 시간을 보내지 않는다.
동사 비가 오다	It started to ❻ this morning. 오늘 아침에 비가 오기 시작했다.
형용사 1. 편안한, 마음 편한 2. 쉬운, 수월한	The rich man has an ❼ life. 그 부자는 편안한 삶을 산다.

B 아래 문장에서 주어에는 ○표, 동사에는 밑줄을 치세요.

> 보기 (The tree) <u>was</u> very sad.

1 It became fatter and fatter.

2 The tree lived a good and easy life.

3 God heard about this and became angry.

4 The tree would use the holes and save water.

C 주어진 우리말과 뜻이 같도록 문장을 완성해 보세요.

1 그 나무는 생각했다 // 그것이 물이 없어도 살 수 있다고.

→ The tree thought // _____.

(could / live / water / it / without)

2 그는 그 나무를 매우 건조한 곳에 던졌다.

→ _____.

(the tree / he / in a very dry place / threw)

3 나무는 슬펐다 // 일 년에 오직 한 번만 비가 왔기 때문에.

→ The tree was sad // _____.

(only rained / because / once a year / it)

4 나무는 자신의 몸 안에 구멍들을 만들었다, // 그리고 그것의 나뭇잎들은 더 작아졌다.

→ _____, // and its leaves got smaller.

(made / in itself / the tree / holes)

A Strange Tree

A 주어진 의미에 맞는 단어를 <보기>에서 골라 빈칸을 채우세요.

> 보기   often   season   way   strange   survive   happen   look like

~처럼 보이다	The clouds ❶ cotton candy. 구름들은 솜사탕처럼 보인다.
동사 (일, 사건이) 일어나다	Don't worry. Nothing will ❷ to him. 걱정하지 마라. 그에게 아무 일도 일어나지 않을 것이다.
동사 살아남다, 생존하다	The bird is too weak. It won't ❸ in the wild. 그 새는 너무 약하다. 그것은 야생에서 살아남지 못할 것이다.
부사 종종, 자주	We should read books more ❹ . 우리는 더 자주 책을 읽어야 한다.
형용사 이상한	A ❺ noise came from the roof. 이상한 소리가 지붕에서 났다.
명사 방식, 방법	Some people don't use chopsticks in the right ❻ . 어떤 사람들은 젓가락을 올바른 방식으로 사용하지 않는다.
명사 절기, 계절	Next month is the end of the rainy ❼ . 다음 달은 우기의 끝이다.

B 아래 문장에서 주어에는 ○표, 동사에는 밑줄을 치세요.

> 보기 (People) often <u>call</u> them "upside-down trees."

1 Baobab trees look a little strange.

2 For most of the year, the trees have no leaves.

3 Photosynthesis happens inside the trees' branches and trunks.

4 During the dry season, the trees can survive, make food, and grow.

C 주어진 우리말과 뜻이 같도록 문장을 완성해 보세요.

1 그것들의 맨 윗부분에 있는 가지들은 뿌리처럼 보인다.

→ _____ .

(at the top / roots / their branches / look like)

2 나무는 오직 세 달 동안만 잎이 있다.

→ _____ .

(have / only three months / the trees / for / leaves)

3 나무는 줄기 안에 있는 물을 사용한다.

→ _____ .

(use / inside / the trees / the water / their trunks)

4 그 줄기는 약 12만 리터의 물을 저장할 수 있다.

→ _____ .

(of water / can save / the trunk / about 120,000 liters)

01 Energy around Us

A 주어진 의미에 맞는 단어를 <보기>에서 골라 빈칸을 채우세요.

| 보기 | impossible fuel move fly cook everywhere heat kind |

명사 종류, 유형	What **1** _____ of cake do you like? 넌 어떤 종류의 케이크를 좋아하니?
명사 연료	The boat doesn't have enough **2** _____ . 그 배는 충분한 연료가 없다.
명사 1. 열, 열기 2. 온도	The **3** _____ of the sun melted the ice. 태양의 열기가 얼음을 녹였다.
형용사 불가능한	Nothing is **4** _____ when you work hard. 네가 열심히 일하면, 아무것도 불가능하지 않다.
동사 1. (연 등을) 날리다 2. 날다	Jake learned to **5** _____ a kite from me. Jake는 내게서 연을 날리는 법을 배웠다.
동사 1. 움직이다 2. 이동하다	Jaguars can **6** _____ fast. 재규어는 빨리 움직일 수 있다.
동사 요리하다, 요리되다	When did you learn to **7** _____ ? 너는 언제 요리하는 법을 배웠니?
부사 어디에나, 어디에도	My dog follows me **8** _____ . 내 개는 어디에나 나를 따라다닌다.

B 아래 문장에서 주어에는 ○표, 동사에는 밑줄을 치세요.

> 보기 (Heat and light) are kinds of energy.

1 Plants and animals grow because of sun energy.

2 With that energy, we can stay warm and even cook.

3 The energy from wind can fly a kite and make electricity.

4 Our body also needs energy, and we get it from food.

C 주어진 우리말과 뜻이 같도록 문장을 완성해 보세요.

1 우리의 눈으로 에너지를 보는 것은 불가능하다.

→ _____ .

(is / energy / seeing / with our eyes / impossible)

2 에너지는 여러 가지 형태로 존재한다. // 그리고 그것은 어디에나 있다.

→ _____ , // and it's everywhere.

(in / energy / is / different forms)

3 에너지는 또한 불에서 나올 수 있다.

→ _____ .

(can also / fire / energy / come from)

4 음식은 우리의 몸을 위한 연료와 같다.

→ _____ .

(fuel / for our body / food / is / like)

A Small Change

A 주어진 의미에 맞는 단어를 <보기>에서 골라 빈칸을 채우세요.

보기 bright   huge   small   used   drive   go out   nobody

1. (불·전깃불이) 나가다, 꺼지다 2. 외출하다, 나가다	The candlelight will ❶ soon. 그 촛불은 곧 꺼질 것이다.
대명사 아무도 ~ 않다	❷ was hurt in the car crash. 아무도 그 자동차 충돌 사고에서 다치지 않았다.
동사 (차를) 몰다, 운전하다	Kevin can't ❸ a truck. Kevin은 트럭을 운전할 수 없다.
형용사 밝은	❹ stars filled the sky. 밝은 별들이 하늘을 가득 채웠다.
형용사 거대한, 엄청난	The movie was a ❺ success. 그 영화는 엄청난 성공이었다.
형용사 사용된, 중고의	His job is to sell ❻ cars. 그의 직업은 중고차를 파는 것이다.
형용사 작은	She came from a ❼ town. 그녀는 소도시 출신이다.

B 아래 문장에서 주어에는 ○표, 동사에는 밑줄을 치세요.

> 보기 (Our island) is small.

① But only his house was bright.

② Our island may be small, but we can make a huge difference.

③ He talked to people, but nobody listened.

④ Grown-ups drive electric cars, and children ride electric bicycles.

C 주어진 우리말과 뜻이 같도록 문장을 완성해 보세요.

① 몇 년 전에, / 우리는 에너지에 대해 생각하지 않았다.

→ Some years ago, / _____.

(about / we / think / energy / didn't)

② 그는 우리가 직접 에너지를 만들기를 원하셨다.

→ _____.

(to make / he / our own energy / wanted)

③ 그날 이후, 모든 사람들이 그를 듣기 시작했다.

→ After that day, _____.

(everyone / him / listening to / started)

④ 다른 사람들은 그들의 농작물로 연료 기름을 만든다.

→ _____.

(from their crops / make / others / fuel oil)

03 The Power to Be Warm

A 주어진 의미에 맞는 단어를 <보기>에서 골라 빈칸을 채우세요.

보기	hot flow cool keep warm up object area

동사 유지하다, 계속 ~하게 하다	The new heater will ❶ _____ the house warm. 새로운 난방기는 집을 따뜻하게 <u>유지할</u> 것이다.
명사 흐름	The men stopped the ❷ _____ of water by building a dam. 그 남자들은 댐을 지어서 물의 <u>흐름</u>을 막았다.
명사 물체, 물건	There was a tiny ❸ _____ behind the door. 그 문 뒤에 아주 작은 <u>물건</u>이 있었다.
명사 부분, 구역	You cannot touch this ❹ _____ . The paint is still wet. 너는 이 <u>부분</u>을 만질 수 없다. 페인트가 아직 마르지 않았다.
형용사 시원한	It was ❺ _____ under the tree shade. 나무 그림자 밑은 <u>시원했다</u>.
따뜻하게 하다, 데우다	I will ❻ _____ some soup for you. 내가 너를 위해 수프를 좀 <u>데울게</u>.
형용사 더운, 뜨거운	Be careful when you drink something ❼ _____ . <u>뜨거운</u> 것을 마실 때 조심하세요.

B 아래 문장에서 주어에는 ○표, 동사에는 밑줄을 치세요.

> 보기 (Plants) also <u>use</u> heat energy.

❶ A heater keeps our house warm.

❷ The heat cooks our food.

❸ But in science, the word means something different.

❹ They get heat energy from the sun and make food with it.

C 주어진 우리말과 뜻이 같도록 문장을 완성해 보세요.

❶ 단어 '열'은 더운 날씨를 의미한다.

→ _____.

(hot / means / the word "heat" / weather)

❷ 그건 에너지의 흐름이다 / 따뜻한 부분에서 더 시원한 부분으로 (이동하는).

→ _____ / from warm areas to cooler areas.

(of / is / the flow / it / energy)

❸ 그리고 우리는 목욕을 위해 뜨거운 물을 사용한다.

→ _____.

(use / for a bath / we / and / hot water)

❹ 뜨거운 물은 우리의 몸을 따뜻하게 할 수 있다.

→ _____.

(our bodies / can / hot water / warm up)

Muffins in the Oven

A 주어진 의미에 맞는 단어를 <보기>에서 골라 빈칸을 채우세요.

| 보기 | leave set bottom smell breakfast side bread turn on |

명사 바닥, 밑 부분	Check the ❶ _____ of the box. 그 상자의 밑 부분을 확인하라.
(전원을) 켜다	❷ _____ the air conditioner. It's too hot. 에어컨을 켜라. 너무 더워.
명사 아침식사	She had some toast for ❸ _____ . 그녀는 아침식사로 토스트를 좀 먹었다.
동사 1. 그대로 두다 2. 떠나다	Just ❹ _____ the books on the desk. 책상 위에 있는 책들을 그냥 그대로 두세요.
명사 빵	We need some butter to make ❺ _____ . 우리는 빵을 만들기 위해서 버터가 좀 필요하다.
동사 조절하다, 맞추다	You need to ❻ _____ your alarm clock for tomorrow. 너는 내일을 위해 알람시계를 맞춰야 한다.
동사 ~한 냄새가 나다	What does the candle ❼ _____ like? 그 양초는 어떤 냄새가 나니?
명사 옆, 옆면	Only this ❽ _____ of the box is red. 오직 그 상자에 이 옆면만 빨간색이다.

B 아래 문장에서 주어에는 ○표, 동사에는 밑줄을 치세요.

> 보기 (She) <u>started</u> to make muffins.

❶ He put some bread in the toaster.

❷ The muffins smelled delicious.

❸ It will cook the bottoms and the sides, too.

❹ Kate and Larry watched the muffins in the oven.

C 주어진 우리말과 뜻이 같도록 문장을 완성해 보세요.

❶ Larry는 아침식사로 토스트를 원했다.

→ _____ .

(toast / Larry / for breakfast / wanted)

❷ 너는 빵을 토스터에 놔뒀다 / 너무 오래!

→ _____ / too long!

(in the toaster / left / you / the bread)

❸ 그녀는 머핀 반죽을 금속 팬 안에 넣었다.

→ _____ .

(put / a metal pan / into / the muffin batter / she)

❹ 오븐 안에서, / 열은 머핀 사방에 퍼진다.

→ In the oven, / _____ .

(all around / goes / the heat / the muffins)

01 Niagara Falls

A 주어진 의미에 맞는 단어를 <보기>에서 골라 빈칸을 채우세요.

보기	poison find out giant warn village villagers believe never

동사 독을 넣다	He tried to ❶ her tea. 그는 그녀의 차에 <u>독을 넣</u>으려고 했다.
동사 믿다	They ❷ the story is real. 그들은 그 이야기가 진짜라고 <u>믿는</u>다.
명사 마을 사람	Many ❸ left their houses after the fire. 많은 <u>마을 사람들</u>은 화재 이후 그들의 집을 떠났다.
동사 경고하다	Kate shouted loudly to ❹ him. Kate는 그에게 <u>경고하기</u> 위해 크게 소리쳤다.
부사 절대 ~ 않다	I will ❺ talk to Mike. 나는 <u>절대</u> Mike와 얘기하지 <u>않</u>을 것이다.
알아내다, 발견하다	Did you ❻ the truth? 너는 진실을 <u>알아냈</u>니?
형용사 거대한	There was a ❼ tree in the garden. <u>거대한</u> 나무가 정원 안에 있었다.
명사 마을	Only 300 people live in this ❽ . 오직 300명만이 이 <u>마을</u>에 산다.

B 아래 문장에서 주어에는 ○표, 동사에는 밑줄을 치세요.

> 보기 (They) killed the snake.

❶ They sent the village chief's daughter.

❷ A giant snake poisons the river every year.

❸ She met the sons of the Thunder God and asked them.

❹ The daughter found out about the poisonous river.

C 주어진 우리말과 뜻이 같도록 문장을 완성해 보세요.

❶ 그들 중 몇몇은 믿었다 // 천둥신이 화가 났다고.

→ _____ // _____ .

(the Thunder God / some of them / angry / believed / was)

❷ 그들은 아름다운 여자를 강으로 내려보냈다.

→ _____ .

(down the river / sent / they / a beautiful woman)

❸ 그 딸은 영혼으로 나타났다 / 마을 사람들에게.

→ _____ / to the villagers.

(appeared / the daughter / a spirit / as)

❹ 그녀는 그들에게 그 뱀에 대해 경고했다.

→ _____ .

(them / the snake / warned / about / she)

02 Travel to Dark Places

A 주어진 의미에 맞는 단어를 <보기>에서 골라 빈칸을 채우세요.

보기 remember   reason   travel   open   famous   learn   shocked

동사 여행하다 명사 여행	I want to ❶ _____ to Brazil. 나는 브라질로 여행가고 싶다.
동사 배우다	Kids ❷ _____ many things from their parents. 아이들은 그들의 부모에게서 많은 것을 배운다.
동사 기억하다	I ❸ _____ my first day at school. 나는 학교에서의 첫날을 기억한다.
형용사 개방된, 열린	The library is ❹ _____ to everyone. 그 도서관은 누구에게나 개방되어 있다.
형용사 유명한	That restaurant is ❺ _____ for their steak. 그 식당은 스테이크로 유명하다.
형용사 충격을 받은, 너무 놀란	She was ❻ _____ at the news. 그녀는 그 소식에 충격을 받았다.
명사 이유	He didn't give a ❼ _____ for lying. 그는 거짓말을 한 이유를 말하지 않았다.

B 아래 문장에서 주어에는 ○표, 동사에는 밑줄을 치세요.

> 보기   (They) <u>are</u> places of death and pain.

❶ Others travel to learn history.

❷ Some of us travel to relax.

❸ Many of them get shocked.

❹ Many people from Europe died there.

C 주어진 우리말과 뜻이 같도록 문장을 완성해 보세요.

❶ 다크 투어리즘은 암울한 장소로의 여행이다.

→ _____ .

(travel / to dark places / dark tourism / is)

❷ 오늘날, 그 수용소는 방문객들에게 개방되어 있다.

→ Today, _____ .

(open / the camp / to visitors / is)

❸ 뉴욕은 다크 투어리즘으로 유명하다.

→ _____ .

(famous for / New York / dark tourism / is)

❹ 그 도시는 박물관들을 지었다 / 희생자들을 기억하기 위해.

→ _____ / _____ .

(museums / the victims / the city / built / to remember)

Family Trip to Guam

A 주어진 의미에 맞는 단어를 <보기>에서 골라 빈칸을 채우세요.

| 보기 | close | beach | last | stay | go on | get to | instead |

~에 도착하다	How do we **①** the art gallery? 우리는 어떻게 미술관에 도착하지?
[부사] 대신에	I had no sugar, so I used honey **②** . 나는 설탕이 없어서, 대신 꿀을 사용했다.
[동사] 머물다, 묵다	She didn't want to **③** at home. 그녀는 집에 머무르고 싶지 않았다.
~하러 가다, 떠나다	He will **④** a trip to Korea. 그는 한국으로 여행하러 갈 것이다.
[명사] 해변, 바닷가	The kids played on the **⑤** . 아이들은 해변에서 놀았다.
[부사] 가까이	You can see the tower up **⑥** . 너는 그 탑을 바로 가까이 볼 수 있을 것이다.
[형용사] 1. 마지막의, 끝의 　　　2. 지난, 바로 전의	The **⑦** house on the street is Jane's. 이 길에 있는 마지막 집은 Jane의 집이다.

B 아래 문장에서 주어에는 ◯표, 동사에는 밑줄을 치세요.

> 보기 (We) <u>stayed</u> at a beautiful hotel.

① We saw dolphins up close!

② Then we went to UnderWater World.

③ My parents relaxed on the beach.

④ My brother and I swam instead.

C 주어진 우리말과 뜻이 같도록 문장을 완성해 보세요.

① 우리는 그곳에서 많은 바다 동물들을 보았다.

→ _____ .

(sea animals / there / we / many / saw)

② 우리는 친구들을 위해 많은 선물들을 샀다!

→ _____ !

(for our friends / we / many gifts / bought)

③ 우리는 또한 햄버거와 스테이크를 먹어 보았다.

→ _____ .

(and steak / also tried / hamburgers / we)

④ 우리는 호텔에서 해변에 쉽게 갈 수 있었다.

→ _____ .

(could easily get / from our hotel / to the beach / we)

The Sea of Stars

A 주어진 의미에 맞는 단어를 <보기>에서 골라 빈칸을 채우세요.

> **보기** hope light up for sure glow wonderful light tourist

확실히, 틀림없이	One thing is ❶ _____. Jake likes Milly. 한 가지는 <u>확실하다</u>. Jake는 Milly를 좋아한다.
[동사] 바라다, 희망하다	I ❷ _____ to see you soon. 나는 곧 너를 보기를 <u>희망한다</u>.
[동사] 빛나다, 빛을 내다	The stickers will ❸ _____ green. 그 스티커들은 초록색으로 <u>빛날</u> 것이다.
[형용사] 멋진, 놀랄 만한	Steven had a ❹ _____ time last night. Steven은 어젯밤에 <u>멋진</u> 시간을 보냈다.
[명사] 빛	The ❺ _____ of the candle was bright. 촛불의 <u>빛</u>은 밝았다.
[명사] 관광객	The ❻ _____ was looking for a map. 그 <u>관광객</u>은 지도를 찾고 있었다.
빛이 나다	The glow stick will ❼ _____ when you break it. 네가 그 야광봉을 꺾으면, 그 야광봉은 <u>빛이 날</u> 것이다.

B 아래 문장에서 주어에는 ○표, 동사에는 밑줄을 치세요.

> 보기 It glows in the dark!

❶ Nothing is for sure.

❷ The world is full of wild and wonderful places.

❸ Tourists visit there and hope to see the Sea of Stars.

❹ The time and location change often.

C 주어진 우리말과 뜻이 같도록 문장을 완성해 보세요.

❶ 별의 바다의 특별한 점은 무엇인가?

→ _____ ?

(the Sea of Stars / is / about / special / what)

❷ 플랑크톤의 한 종류는 빛을 만든다 // 그것이 스트레스를 받을 때.

→ One type of plankton makes light // _____ .

(stressed / when / is / it)

❸ 그 바다는 그것이 별들로 가득 찬 것처럼 보인다.

→ _____ .

(full of / it's / the sea / stars / looks like)

❹ 하지만 아무도 언제 또는 어디인지 알 수 없다.

→ But _____ .

(where / tell / can / no one / when or)

Two Becomes One

A 주어진 의미에 맞는 단어를 <보기>에서 골라 빈칸을 채우세요.

보기	part round create hit unique mix point

동사 만들어 내다	Thor used a hammer to ❶ lightning. Thor는 번개를 <u>만들어 내기</u> 위해 망치를 사용했다.
동사 섞다	❷ sugar and butter in the bowl. 그릇에 설탕과 버터를 <u>섞으세요</u>.
동사 치다, 때리다	Jane will ❸ the ball next. Jane은 다음으로 그 공을 <u>칠</u> 것이다.
명사 부분, 부위	This is the easiest ❹ of the job. 이것이 해야 하는 일 중에 가장 쉬운 <u>부분</u>이다.
명사 점수	James lost a ❺ in the game. James는 게임에서 <u>점수</u>를 잃었다.
명사 (경기의) 회, 라운드 형용사 원형의, 둥근	They played another ❻ of tennis. 그들은 테니스를 한 <u>회</u> 더 쳤다.
형용사 독특한, 특이한	This painting is very ❼ . 이 그림은 매우 <u>독특하다</u>.

B 아래 문장에서 주어에는 ○표, 동사에는 밑줄을 치세요.

> 보기 (Each team) <u>has</u> four players.

1 Chessboxing is popular in many countries.

2 You can play a thinking sport and a fighting sport.

3 Another unique sport is chessboxing.

4 It is similar to volleyball, but you play it with trampolines.

C 주어진 우리말과 뜻이 같도록 문장을 완성해 보세요.

1 사람들은 두 개의 스포츠를 섞고 새로운 것을 만들어 낸다.

→ _____ .

(and / people / create / two sports / mix / a new one)

2 그들은 공을 칠 수 있다 / 그들의 몸의 어느 부분으로든.

→ _____ / with any part of their bodies.

(the ball / can / they / hit)

3 그들은 반대편으로 공을 보낸다 / 점수를 얻기 위해.

→ _____ / for points.

(to the other side / send / they / the ball)

4 총 경기 11회가 있다.

→ _____ .

(eleven / are / there / in total / rounds)

A Colorful Festival

A 주어진 의미에 맞는 단어를 <보기>에서 골라 빈칸을 채우세요.

> 보기   wait   fun   shout   street   festival   exciting   paints

형용사 재미있는, 즐거운	The board game looks ❶ . 그 보드게임은 <u>재미있어</u> 보인다.
형용사 신나는	I want to go on an ❷ trip. 나는 <u>신나는</u> 여행을 떠나고 싶다.
명사 물감	He used different types of ❸ for his pictures. 그는 자신의 그림에 다양한 종류의 <u>물감을</u> 사용했다.
명사 거리, 도로	The hospital is across the ❹ . 병원은 <u>도로</u> 건너편에 있다.
명사 축제, 페스티벌	We enjoyed the music ❺ last weekend. 우리는 지난 주말에 음악 <u>축제를</u> 즐겼다.
동사 기다리다	How long did you ❻ for me? 너는 나를 얼마나 <u>기다렸니?</u>
동사 외치다, 소리치다	He wanted to ❼ , "Stop the car!" 그는 '차를 멈춰!'라고 <u>외치고</u> 싶었다.

B 아래 문장에서 주어에는 ○표, 동사에는 밑줄을 치세요.

> 보기 (The streets) <u>were</u> full of tourists.

1 Holi was so fun!

2 My sister and I waited for this day.

3 People rub colored powders or paints on each other's faces.

4 We got ready and went outside.

C 주어진 우리말과 뜻이 같도록 문장을 완성해 보세요.

1 우리는 풍선을 던지고 물총을 쏘았다 / 서로에게.

→ _____ / at each other.

(threw / and shot / balloons / we / water guns)

2 그 풍선들은 물감으로 가득 차 있었다.

→ _____ .

(with paints / were filled / the balloons)

3 우리는 사람들과 함께 춤을 추고 노래했다.

→ _____ .

(and sang / we / with the people / danced)

4 그들은 이 축제를 위해 전 세계 곳곳에서 왔다.

→ _____ .

(all over the world / they / for this festival / came from)

Wild Places

A 주어진 의미에 맞는 단어를 <보기>에서 골라 빈칸을 채우세요.

> **보기**   enjoy   like   dangerous   view   climb   adventure   is made of

명사 경관, 전망	The ❶ _____ from the hotel room was amazing. 호텔 방에서 본 전망은 놀라웠다.
명사 모험	She likes to read ❷ _____ stories. 그녀는 모험 이야기를 읽는 것을 좋아한다.
~로 만들어지다, 구성되다	This necklace ❸ _____ silver. 이 목걸이는 은으로 만들어져 있다.
형용사 위험한	Walking in the woods at night is ❹ _____ . 밤에 숲속에서 걷는 것은 위험하다.
동사 즐기다	I ❺ _____ watching movies at home. 나는 집에서 영화를 보는 것을 즐긴다.
동사 올라가다, 오르다	Monkeys ❻ _____ trees very well. 원숭이는 나무를 매우 잘 오른다.
전치사 1. (예를 들어) ~와 같은 2. ~와 비슷한	Animals ❼ _____ bears sleep long in winter. 곰과 같은 동물들은 겨울에 오래 잠을 잔다.

B 아래 문장에서 주어에는 ○표, 동사에는 밑줄을 치세요.

> 보기 ○(An igloo) <u>is</u> an snow house.

❶ An adventure is an exciting or dangerous experience.

❷ You will enjoy a great view of the northern lights.

❸ Animals like squirrel monkeys often visit the house.

❹ You have to climb 10 to 20 meters to the tree houses.

C 주어진 우리말과 뜻이 같도록 문장을 완성해 보세요.

❶ 당신의 호텔은 당신의 모험의 일부가 될 수 있다.

→ _____ .

(a part of / your hotel / your adventure / can be)

❷ 당신은 이글루에서 잘 수 있다 / 하늘 아래 있는.

→ _____ / _____ .

(you / under the sky / can sleep / in an igloo)

❸ 핀란드에 있는 것들은 / 유리로 만들어져 있다.

→ _____ / _____ .

(in Finland / are made of / the ones / glass)

❹ 그것이 외부로부터 당신을 안전하게 해준다.

→ _____ .

(you / keep / from the outside / safe / they)

04 A Sheep in the Garden

A 주어진 의미에 맞는 단어를 <보기>에서 골라 빈칸을 채우세요.

> 보기   usually   wool   amazing   first   protection   do   stop   work

형용사 놀라운	His **1** artwork saved his village. 그의 <u>놀라운</u> 예술 작품은 그의 마을을 구했다.
동사 하다	We need to **2** something about the wall. 우리는 그 벽에 대해 무언가를 <u>해야</u> 한다.
동사 작용하다	Some plants **3** as medicine. 어떤 식물들은 약으로 <u>작용한다</u>.
동사 멈추다, 중단하다	Will you **4** playing with your food? 네 음식으로 장난치는 것을 <u>멈출래</u>?
부사 보통, 대개	He **5** comes home at 8. 그는 <u>보통</u> 8시에 집에 온다.
부사 맨 먼저, 우선	What do you want to taste **6** ? 너는 <u>맨 먼저</u> 무엇을 맛보고 싶니?
명사 양털, 털	This scarf is made of **7** . 이 스카프는 <u>양털</u>로 만들어졌다.
명사 보호	You need to wear a safety helmet for **8** . 너는 <u>보호</u>를 위해 안전모를 써야 한다.

B 아래 문장에서 주어에는 ○표, 동사에는 밑줄을 치세요.

> 보기 I was surprised.

① But it was actually a plant.

② Its name was "Vegetable sheep."

③ Vegetable sheep usually live in high mountains.

④ In summer, their gray leaves reflect the sun's rays.

C 주어진 우리말과 뜻이 같도록 문장을 완성해 보세요.

① 나는 현장 학습을 갔다 / 식물원에.

→ _____ / to a botanical garden.

(I / a field trip / went on)

② 그것의 잎들은 양털처럼 보였다.

→ _____ .

(its leaves / like / wool / looked)

③ 높은 산에서 생존하는 것은 힘들다.

→ _____ .

(tough / surviving / in high mountains / is)

④ 그것의 잎들은 눈으로부터 보호하는 역할을 한다.

→ _____ .

(as protection / their leaves / work / from snow)

MEMO

MEMO

왓츠리딩 What's Reading

한눈에 보는 왓츠 Reading 시리즈

70 A|B | 80 A|B

90 A|B | 100 A|B

1 체계적인 학습을 위한 시리즈 및 난이도 구성
2 재미있는 픽션과 유익한 논픽션 50:50 구성
3 이해력과 응용력을 향상시키는 다양한 활동 수록
4 지문마다 제공되는 추가 어휘 학습
5 워크북과 부가자료로 완벽한 복습 가능
6 학습에 편리한 차별화된 모바일 음원 재생 서비스
  → 지문, 어휘 MP3 파일 제공

단계	단어 수 (Words)	Lexile 지수
70 A	60 ~ 80	200-400L
70 B	60 ~ 80	
80 A	70 ~ 90	300-500L
80 B	70 ~ 90	
90 A	80 ~ 110	400-600L
90 B	80 ~ 110	
100 A	90 ~ 120	500-700L
100 B	90 ~ 120	

* Lexile(렉사일) 지수는 미국 교육 연구 기관 MetaMetrics에서 개발한 독서능력 평가지수로, 미국에서 가장 공신력 있는 지수로 활용되고 있습니다.

부가자료 다운로드
www.cedubook.com

전체 시리즈 워크북 제공

Oh! My
PHONICS & SPEAKING & GRAMMAR

◆ Oh! My 시리즈는 본문 전체가 영어로 구성된 ELT 도서입니다.　　◆ 세이펜이 적용된 도서로, 홈스쿨링 학습이 가능합니다.

My Oh! Phonics
오! 마이 파닉스

❶ 첫 영어 시작을 위한
유·초등 파닉스 학습서(레벨 1~4)

❷ 기초 알파벳부터
단/장/이중모음/이중자음 완성

❸ 초코언니 무료 유튜브 강의 제공

Flashcards

Oh! My SPEAKING
오! 마이 스피킹

❶ 말하기 중심으로 어휘,
문법까지 학습 가능(레벨1~6)

❷ 주요 어휘와 문장 구조가
반복되는 학습

❸ 초코언니 무료 유튜브 강의 제공

Flashcards

New

My Oh! Grammar
오! 마이 그래머

❶ 첫 문법 시작을 위한
초등 저학년 기초 문법서(레벨1~3)

❷ 흥미로운 주제와 상황을 통해
자연스러운 문법 규칙 학습

❸ 초코언니 무료 우리말 음성 강의 제공

파닉스 규칙을 배우고 스피킹과 문법 학습으로 이어가는 **유초등 영어의 첫 걸음!**

쎄듀 오! 마이 시리즈로 영어 자신감 UP↑ 탄탄한 초등 영어 습관을 만들어보세요!

쎄듀북닷컴(www.cedubook.com)에서 부가 자료를 무료로 다운로드할 수 있습니다.

쎄듀

LISTENING Q

중학영어듣기 **모의고사 시리즈**

1 최신 기출을 분석한 유형별 공략

· 최근 출제되는 모든 유형별 문제 풀이 방법 제시
· 오답 함정과 정답 근거를 통해 문제 분석
· 꼭 알아두야 할 주요 어휘와 표현 정리

2 실전모의고사로 문제 풀이 감각 익히기

실전 모의고사 20회로 듣기 기본기를 다지고,
고난도 모의고사 4회로 최종 실력 점검까지!

3 매 회 제공되는 받아쓰기 훈련(딕테이션)

· 문제풀이에 중요한 단서가 되는
  핵심 어휘와 표현을 받아 적으면서 듣기 훈련!
· 듣기 발음 중 헷갈리는 발음에 대한 '리스닝 팁' 제공
· 교육부에서 지정한 '의사소통 기능 표현' 정리

1 배속 선택 옵션

2 전체 문항 듣기

3 문항 하나씩 듣기

무료 제공 MP3와 QR코드로
효율적인 듣기 학습!

쎄듀

초 등 코 치
천일문 *sentence*

1,001개 통문장 암기로 영어의 기초 완성

1 | 초등학생도 쉽게 따라 할 수 있는 암기 시스템 제시

2 | 암기한 문장에서 자연스럽게 문법 규칙 발견

3 | 영어 동화책에서 뽑은 빈출 패턴으로 흥미와 관심 유도

4 | 미국 현지 초등학생 원어민 성우가 녹음한 생생한 MP3

5 | 세이펜(음성 재생장치)을 활용해 실시간으로 듣고 따라 말하는 효율적인 학습 가능

   Role Play 기능을 통해 원어민 친구와 1:1 대화하기!

   * 기존 보유하고 계신 세이펜으로도 핀파일 업데이트 후 사용 가능합니다.

   * Role Play 기능은 '레인보우 SBS-1000' 이후 기종에서만 기능이 구현됩니다.

내신, 수능, 말하기, 회화
목적은 달라도
시작은 초등코치 천일문!

with
세이펜

• 연계 & 후속 학습에 좋은 초등코치 천일문 시리즈 •

초등코치 천일문
GRAMMAR 1, 2, 3
-
1,001개 예문으로
배우는 초등 영문법

초등코치 천일문
VOCA & STORY 1, 2
-
1001개의 초등 필수 어휘와
짧은 스토리

쎄듀북닷컴(www.cedubook.com)에서 부가 자료를 무료로 다운로드할 수 있습니다.

쎄듀

EGU

THE EASIEST GRAMMAR & USAGE

EGU 시리즈 소개

EGU
서술형 기초 세우기

영단어&품사

서술형·문법의 기초가 되는
영단어와 품사 결합 학습

문장 형식

기본 동사 32개를 활용한
문장 형식별 학습

동사 써먹기

기본 동사 24개를 활용한
확장식 문장 쓰기 연습

EGU
서술형·문법 다지기

문법 써먹기

개정 교육 과정
중1 서술형·문법 완성

구문 써먹기

개정 교육 과정
중2, 중3 서술형·문법 완성

쎄듀

Words

90 B

Read Along with Me!

김기훈 | 쎄듀 영어교육연구센터

왓츠
리딩
What's Reading

정답과 해설

쎄듀

Words

90 B

· 정답과 해설 ·

Literature

01 Making a New Book
pp.14 ~ 17

p. 15 Check Up	1 ③	2 ③	3 ④	4 ①	5 ⓐ: send ⓑ: fix

p. 16 Build Up	1 (B)	2 (C)	3 (A)

p. 16 Sum Up	ⓐ editor	ⓑ fixes	ⓒ sends	ⓓ pictures

p. 17 Look Up

A 1 idea   2 fix   3 happy

B 1 write - (글을) 쓰다   2 done - 끝난, 마친
  3 work - 작품, 작업   4 writing - (글을) 쓰기, 집필

C 1 word   2 look at   3 quiet

Check Up

1 글쓴이 '내'가 글을 쓴 후에 편집자와 함께 이야기를 고치고 삽화가가 이야기에 필요한 그림을 그려서 책이 만들어 진다는 내용의 글이므로, 정답은 ③이다.

2 편집자는 선생님과 같이 글의 장단점을 글쓴이에게 알려준다고(She looks at it and tells me good and bad things about it.) 했으므로, 글의 내용과 틀린 것은 ③이다.

3 빈칸 앞에서는 이야기에는 삽화가 필요하기 때문에 편집자가 이야기를 삽화가에게 보낸다는 내용이므로, 빈칸을 포함한 문장에서는 삽화가의 작업이 완성되면, 편집자에게 삽화를 '보낼' 것이고, 그러면 이야기는 책이 될 준비가 된다는 내용이어야 한다. 따라서 정답은 ④이다.
① 쓰다 ② 말하다 ③ 가르치다 ④ 보내다

4 글쓴이는 생각이 떠오르면 조용한 장소에서 하루 종일 글을 쓴다고(When I have an idea, I go to a quiet place. I stay there and write all day long.) 했고, 마지막에 글쓴이의 이야기는 책이 될 준비가 된다라는(~, my story is ready to become a book!) 내용으로 보아, 글쓴이의 직업은 글을 쓰는 a writer(작가)임을 알 수 있다.
① 작가 ② 교사 ③ 화가 ④ 기자

5 나는 내 이야기를 내 편집자에게 ⓐ 보낸다. 그녀는 내게 그것의 장단점을 알려준다. 그러고 나서 우리는 함께 그 이야기를 ⓑ 고친다.

Build Up

❶ 작가는 조용한 장소를 찾는다.

❷ 편집자는 선생님과 같다.

❸ 삽화가는 편집자에게 이야기를 받는다.

|

(B) 그녀는 그곳에 머무르며 하루 종일 글을 쓴다.

(C) 그녀는 작가에게 이야기의 장단점을 알려준다.

(A) 그는 이야기를 위한 그림들을 그린다.

Sum Up

많은 쓰기 후에, 작가는 이야기를 ⓐ 편집자에게 보낸다.

↓

편집자는 이야기를 보고 작가와 함께 그것을 ⓑ 고친다.

↓

편집자는 그 이야기를 삽화가에게 ⓒ 보낸다.

↓

삽화가가 이야기를 위한 ⓓ 그림들을 모두 끝내면, 그는 자신의 작품을 편집자에게 보낸다.

🌾 끊어서 읽기

책은 시작된다 / 생각으로부터.　　나는 생각이 떠오르면,　　// 나는 조용한 장소로 간다.
¹A book starts / from an idea. ²When I have an idea, // I go to a quiet place.

나는 그곳에 머문다 / 그리고 글을 쓴다 / 하루 종일.　곧 /　많은 단어들이 있다 / 종이에.
³I stay there / and write / all day long. ⁴Soon / there are many words / on paper.

그러나 / 나는 보통 만족하지 않는다 / 그것들에.　나는 쓴다 / 몇 번이고.
⁵But / I'm not usually happy / with them. ⁶I write / again and again.

　　많은 쓰기 후에,　/ 나는 내 이야기를 보낸다 / 나의 편집자에게.　그녀는 선생님과 같다.
⁷After lots of writing, / I send my story / to my editor. ⁸She is like a teacher.

그녀는 그것을 본다 / 그리고 나에게 알려준다 / 좋은 점과 나쁜 점들을 / 그것에 대한.　편집자와 나 /
⁹She looks at it / and tells me / good and bad things / about it. ¹⁰The editor and I /

이야기를 고친다 / 함께.　　우리가 끝나면,　// 편집자가 그 이야기를 보낸다
fix the story / together. ¹¹When we are done, // the editor sends the story

/ 삽화가에게.　　그것은 그림이 필요하다.　삽화가가 자신의 모든 작품을 보내면
/ to an illustrator. ¹²It needs pictures. ¹³When the illustrator sends all his

work / to the editor, // my story is ready / to become a book!

🌿 우리말 해석

새로운 책 만들기

¹책은 생각으로부터 시작됩니다. ²나는 생각이 떠오르면, 조용한 장소로 갑니다. ³나는 그곳에 머무르며 하루 종일 글을 써요. ⁴곧 종이에는 많은 단어들이 생깁니다. ⁵그러나 나는 보통 그것들에 만족하지 않습니다. ⁶나는 몇 번이고 씁니다. ⁷많은 쓰기 후에, 나는 내 이야기를 내 편집자에게 보냅니다. ⁸그녀는 선생님 같아요. ⁹그녀는 그것을 보고 나에게 그것의 장단점을 알려줍니다. ¹⁰편집자와 나는 함께 이야기를 고칩니다. ¹¹우리가 다 끝나면, 편집자가 그 이야기를 삽화가에게 보냅니다. ¹²그것은 그림이 필요하거든요. ¹³삽화가가 자신의 모든 작품을 편집자에게 보내면, 내 이야기는 책이 될 준비가 된 것입니다!

🌿 주요 문장 분석하기

⁹She looks at it **and** ***tells*** me *good and bad things* [about it].
주어 ─ 동사1 ─ 목적어1 ─ 동사2 ─ 간접목적어 ─ 직접목적어

→ and로 동사 looks at과 tells가 연결되었다.

→ 「tell+간접목적어+직접목적어」의 형태는 '~에게 …을 말하다'라는 의미이다. 간접목적어는 '~에게', 직접목적어는 '…을[를]'로 해석한다.

→ about it은 good and bad things를 뒤에서 꾸며준다.

¹³**When** the illustrator sends all his work to the editor, my story is *ready* **to become** a book!
주어' ─ 동사' ─ 주어 ─ 동사 ─ 보어

→ When은 '~할 때, ~하면'이라는 의미로 시간을 나타내는 접속사이다.

→ to become은 '~가 될'이라 해석하며, 앞에 있는 ready를 뒤에서 꾸며준다.

02 What Is Fiction? pp.18 ~ 21

p. 19 Check Up	1 ②	2 ③	3 ②	4 ①	5 ⓐ: fiction ⓑ: problem
p. 20 Build Up	ⓐ main	ⓑ makes	ⓒ let	ⓓ prince	ⓔ loses
p. 20 Sum Up	ⓐ imagination	ⓑ characters	ⓒ set	ⓓ connect	ⓔ end

p. 21 Look Up			
A	1 marry	2 housework	3 fight
B	1 connect - 연결되다	2 beginning - 처음, 시작	
	3 main - 주요한	4 problem - 문제	
C	1 end	2 made	3 let

Check Up

1 『신데렐라』를 예시로 들어 소설의 구성 요소인 등장인물, 문제, 줄거리에 대해 설명하는 내용이므로 정답은 ②이다.

2 소설에서 주인공과 적의 싸움은 '문제'라고(In fiction, the fight between the hero and the enemy is the problem.) 했으므로 글의 내용과 틀린 것은 ③이다.

3 두 번째 문단에서는 줄거리를 만드는 것은 여러 사건들이라 하며, 이에 대한 예시로 『신데렐라』 속의 여러 사건들에 대한 설명이 이어진다. 따라서 마지막 문장에서는 이러한 '사건들'이 마지막에 신데렐라가 왕자와 결혼하도록 이끈다는 내용이 흐름상 자연스럽다.
　　① 싸움들　② 사건들　③ 문제들　④ 등장인물들

4 소설에는 등장인물, 문제, 그리고 줄거리와 같은 다양한 요소가 있다고(There are different parts in fiction: characters, a problem, and a plot.) 했으므로 정답은 ①이다.
　　① 소설의 여러 가지 요소들은 무엇인가?
　　② 주인공은 어떻게 문제를 해결하는가?
　　③ 소설에는 왜 적이 있는가[등장하는가]?
　　④ 몇 개의 사건들이 하나의 줄거리를 만드는가?

5 ┌──┐
　　ⓐ 소설에는 등장인물, ⓑ 문제, 그리고 줄거리라는 여러 가지 요소들이 있다.
　└──┘

Build Up

등장인물	문제	줄거리
• 『신데렐라』에서는 신데렐라가 ⓐ 주요 등장인물이다.	• 신데렐라의 계모는 신데렐라가 모든 집안일을 ⓑ 하도록 했다. • 그녀는 또한 신데렐라가 무도회에 가도록 ⓒ 허락하지 않았다.	• 신데렐라는 요정 대모를 만나고 나서 ⓓ 왕자를 만난다. • 그녀는 유리 구두를 ⓔ 잃어버리고, 마지막에 왕자와 결혼한다.

Sum Up

┌──┐
　작가는 ⓐ 상상력으로 이야기를 만들어 낸다. 우리는 그것을 소설이라 부른다. 소설에서는 여러 가지 요소들이 있다. 그것들은 ⓑ 등장인물, 문제, 그리고 줄거리이다. 줄거리는 사건들의 한 ⓒ 세트이다. 사건들은 서로 ⓓ 연결된다. 예를 들면, 『신데렐라』에서 모든 사건들은 ⓔ 마지막에 신데렐라가 왕자와 결혼하도록 이끈다.
└──┘

끊어서 읽기

작가는 이야기를 만들어 낸다　/　　상상력으로.　　　우리는 그것을 소설이라고 부른다.　여러 가지
[1]A writer creates a story / with imagination. [2]We call it fiction. [3]There are different

요소들이 있다 / 소설에는: /　　등장인물, 문제, 그리고 줄거리.　　　주요 등장인물인 주인공이 있다.
parts / in fiction: / characters, a problem, and a plot. [4]There is a main character, a

적 또한 있다. 소설에서는, / 싸움이 / 주인공과 적 사이의
hero. ⁵There is also an enemy. ⁶In fiction, / the fight / between the hero and the

/ 문제이다.
enemy / is the problem.

줄거리는 사건들의 한 세트이다. 이러한 사건들은 연결된다 / 서로. 예를 들어, /
⁷A plot is a set of events. ⁸These events connect / with one another. ⁹For example, /

『신데렐라』에서, / 신데렐라는 왕자를 만나지 않는다 / 처음에.
in *Cinderella*, / Cinderella doesn't meet the prince / in the beginning.

신데렐라의 계모는 만든다 / 그녀가 모든 집안일을 하도록. 그녀는 또한 허락하지 않는다 /
¹⁰Cinderella's stepmother makes / her do all the housework. ¹¹She also doesn't let /

신데렐라가 무도회에 가도록. 그러나 나중에 / 신데렐라는 요정 대모를 만난다 /
Cinderella go to the ball. ¹²But later / Cinderella meets the fairy godmother /

그리고 나서 왕자를. 그 후에, / 그녀는 유리 구두를 잃어버린다, // 그리고 왕자는 그것을 사용한다
and then the prince. ¹³After that, / she loses a glass shoe, // and the prince uses it

/ 그녀를 찾기 위해. 이 모든 사건들은 이끈다 / 신데렐라가 왕자와 결혼하도록 / 마지막에.
/ to find her. ¹⁴All these events lead / Cinderella to marry the prince / in the end.

🌿 우리말 해석

소설이란 무엇인가?
¹작가는 상상력으로 이야기를 만들어 냅니다. ²우리는 그것을 소설이라고 불러요. ³소설에는 등장인물, 문제, 그리고 줄거리라는 여러 가지 요소들이 있습니다. ⁴주요 등장인물, 즉 주인공이 있습니다. ⁵또한, 적이 있습니다. ⁶소설에서는, 주인공과 적 사이의 싸움이 문제입니다.
⁷줄거리는 사건들의 한 세트입니다. ⁸이러한 사건들은 서로 연결됩니다. ⁹예를 들어, 『신데렐라』에서 신데렐라는 처음에 왕자를 만나지 않아요. ¹⁰신데렐라의 계모는 그녀가 모든 집안일을 하게 합니다. ¹¹그녀는 또한 신데렐라가 무도회에 가도록 허락하지 않아요. ¹²그러나 나중에 신데렐라는 요정 대모를, 그다음에 왕자를 만납니다. ¹³그 후에, 그녀는 유리 구두를 잃어버리고, 왕자는 그녀를 찾기 위해 그것을 사용합니다. ¹⁴이 모든 사건들은 마지막에 신데렐라가 왕자와 결혼하도록 이끕니다.

🌿 주요 문장 분석하기

²We **call** it fiction.
<u>주어</u> <u>동사</u> <u>목적어</u> <u>보어</u>
→ 「call+목적어+명사」의 형태로 '~을 …라고 부르다'라는 의미이다.
→ fiction은 대명사 it을 보충 설명한다.

⁶In fiction, *the fight* [**between** the hero **and** the enemy] *is* the problem.
　　　　　　　　　<u>주어</u>　　　　　　　　　　　<u>동사</u>　<u>보어</u>
→ between the hero and the enemy가 the fight를 뒤에서 꾸며준다.

→ 「between A and B」는 'A와 B 사이에'라는 뜻이다. 이때 A와 B에는 같은 형태가 와야 한다.

→ 진짜 주어는 the fight이며, 단수형이므로 단수동사 is가 쓰였다.

¹⁰Cinderella's stepmother **makes** her *do* all the housework.
　　　　　　주어　　　　　　　동사　목적어　　　　보어

→ 「make+목적어+동사원형」의 형태로 '~가 …하도록 하다'라는 의미이다.

→ do all the housework가 목적어 her를 보충 설명한다.

¹¹She also **doesn't let** Cinderella *go* to the ball.
　주어　　　　동사　　　목적어　　　　보어

→ 「let+목적어+동사원형」의 형태로 '~가 …하도록 허락하다'라는 의미이다.

→ go to the ball이 목적어 Cinderella를 보충 설명한다.

¹³After that, she loses a glass shoe, and the prince uses it **to find** her.
　　　　　　주어1 동사1　목적어1　　　　　　주어2　　동사2 목적어2

→ to find는 「to+동사원형」의 형태로 '찾기 위해'로 해석하며, 목적을 나타낸다.

¹⁴All these events **lead** Cinderella *to marry* the prince in the end.
　　　주어　　　　동사　　목적어　　　　보어

→ 「lead+목적어+to+동사원형」의 형태로 '~가 …하도록 이끌다'라는 의미이다.

→ to marry the prince는 목적어 Cinderella를 보충 설명한다.

03　An Interview with Marley　pp.22 ~ 25

p. 23 Check Up	1 ②	2 ④	3 ④	4 ③	5 ⓐ: Most ⓑ: cultures	
p. 24 Build Up	1 (B)	2 (C)	3 (A)			
p. 24 Sum Up	ⓐ noticed	ⓑ decided	ⓒ black	ⓓ more	ⓔ easily	
p. 25 Look Up	A 1 change	2 find	3 interview			
	B 1 notice - 알아차리다	2 easily - 쉽게				
	3 amazing - 놀라운	4 special - 특별한				
	C 1 culture	2 a few	3 something			

1 16세의 흑인 여자아이 작가 Marley Dias가 11세 때 시작했던 책 캠페인에 대한 인터뷰이며, 그 캠페인이 아동 문학을 변화시켰다는 내용이므로 정답은 ②이다.

2 Marley가 학교에서 본 책들의 대부분은 백인 남자아이와 개에 관한 것이어서, 주인공이 흑인 여자아이인 책을 어머니와 찾기로 결심했다고(We decided to find books with black girls as main characters.) 했으므로, 글의 내용과 틀린 것은 ④이다.

3 #1000BlackGirlBooks 캠페인으로 인해 다양한 문화 출신의 등장인물이 나오는 책들을 쉽게 찾을 수 있다고 (Now we can easily find books with characters from different cultures.) 했으므로, 정답은 ④이다.

4 빈칸을 포함한 질문에 대한 답변이 몇 달 만에 9천 권 이상의 책을 찾았다는 내용이므로, 빈칸에는 How many books(얼마나 많은 책들)가 가장 알맞다.

① 어떤 책들 ② 얼마 동안 ③ 얼마나 많은 책들 ④ 어떤 종류의 책들

5 학교에 있는 ⓐ 책들의 대부분은 백인 남자아이와 개에 관한 것이었나. 이세는 나양한 ⓑ 문화 출신의 등장인물이 나오는 책들이 많다.

질문	대답
❶ Marley Dias는 누구인가?	(B) 그녀는 16세의 작가이다. 그녀는 #1000BlackGirlBooks 라는 캠페인을 시작했다.
❷ 그녀는 왜 #1000BlackGirlBooks 캠페인을 시작하였는가?	(C) 그녀의 학교에 있는 책들의 대부분은 백인 남자아이와 개에 관한 것이었다.
❸ #1000BlackGirlBooks 캠페인은 무엇을 변화시켰는가?	(A) 그것은 아동 문학을 변화시켰다.

Marley는 학교에 있는 책들에 관해 뭔가 잘못된 점을 ⓐ 알아차렸다.

↓

그녀는 주인공으로 ⓒ 흑인 여자아이가 등장하는 책을 찾기로 ⓑ 결심했다.

↓

그녀는 캠페인을 시작했고 9천 권 ⓓ 이상의 책을 찾았다.

↓

이제 우리는 다양한 문화 출신의 등장인물이 나오는 책들을 ⓔ 쉽게 찾을 수 있다.

✏ 끊어서 읽기

오늘, / 우리는 특별한 게스트가 있습니다, / Marley Dias라는 16세의 작가.

Interviewer: [1]Today, / we have a special guest, / a 16-year-old writer, Marley Dias.

안녕하세요. 저를 초대해주셔서 감사합니다.

Marley: [2]Hello. [3]Thank you for having me.

당신은 시작했어요 / #1000BlackGirlBooks라는 캠페인을, // 당신이 11살 때.

Interviewer: [4]You started / a campaign, #1000BlackGirlBooks, // when you were

그것은 놀라워요.

11. [5]That's amazing.

감사합니다. 저는 아주 좋아해요 / 책을 읽는 것을. 그런데 어느 날, / 전 뭔가 잘못된 점을

Marley: [6]Thank you. [7]I love / reading books. [8]But one day, / I noticed something

알아차렸어요 / 학교에 있는 그 책들에 대해.

wrong / about the books at school.

그게 무엇이었나요?

Interviewer: [9]What was that?

그 책들의 대부분이 / 백인 남자아이와 개에 관한 것이었어요. 주요

Marley: [10]Most of the books / were about white boys and dogs. [11]The main

등장인물들은 / 저처럼 보이지 않았고요.

characters / didn't look like me.

그렇군요. 당신은 무엇을 했나요 / 그다음에?

Interviewer: [12]I see. [13]What did you do / then?

저는 저의 어머니에게 말했어요 / 그것에 대해서. 우리는 결심했지요 / 책을 찾기로 /

Marley: [14]I talked to my mother / about it. [15]We decided / to find books /

흑인 여자아이들이 나오는 / 주요 등장인물로.

with black girls / as main characters.

얼마나 많은 책들을 / 당신들이 찾았나요?

Interviewer: [16]How many books / did you find?

몇 달 만에, / 우리는 찾았어요 / 9천 권 이상의 책을. 그 캠페인은

Marley: [17]In a few months, / we found / more than 9,000 books. [18]The

또한 변화시켰지요 / 아동 문학을. 이제 우리는 쉽게 찾을 수 있어요

campaign also changed / children's literature. [19]Now we can easily

/ 등장인물이 나오는 책들을 / 다양한 문화 출신의.

find / books with characters / from different cultures.

Marley와의 인터뷰

인터뷰 진행자: ¹오늘 우리는 16세의 작가 Marley Dias라는 특별한 게스트를 모셨습니다.

Marley: ²안녕하세요. ³저를 초대해주셔서 감사합니다.

인터뷰 진행자: ⁴당신은 11살 때 #1000BlackGirlBooks라는 캠페인을 시작했어요. ⁵놀랍습니다.

Marley: ⁶감사합니다. ⁷저는 책을 읽는 것을 아주 좋아해요. ⁸그런데 어느 날, 저는 학교에 있는 그 책들에 대해 뭔가 잘못된 점을 알아챘습니다.

인터뷰 진행자: ⁹그게 무엇이었죠?

Marley: ¹⁰그 책들의 대부분이 백인 남자아이와 개에 관한 것이었어요. ¹¹주인공들은 저처럼 생기지 않았었죠.

인터뷰 진행자: ¹²그렇군요. ¹³그다음에 당신은 무엇을 했나요?

Marley: ¹⁴저는 그것에 대해서 어머니께 말씀드렸어요. ¹⁵우리는 주인공으로 흑인 여자아이가 등장하는 책을 찾기로 결심했답니다.

인터뷰 진행자: ¹⁶몇 권의 책을 찾았나요?

Marley: ¹⁷몇 달 만에, 우리는 9천 권 이상의 책을 찾았어요. ¹⁸그 캠페인은 또한 아동 문학을 변화시켰어요. ¹⁹이제 우리는 다양한 문화 출신의 등장인물이 나오는 책들을 쉽게 찾을 수 있어요.

주요 문장 분석하기

⁷I love **reading** books.
　주어 동사　　목적어

→ reading은 「동사원형+-ing」의 형태로 '읽는 것'으로 해석한다. reading books는 동사 love의 목적어이다.

¹⁰**Most of** the books were about white boys and dogs.
　　　주어　　　　　동사　　　　　보어

→ 「Most of+복수명사」는 '~의 대부분'이라는 의미로 복수동사 were가 쓰였다.

→ about white boys and dogs는 주어 Most of the books를 보충 설명한다.

¹⁵We **decided to find** *books* [with *black girls* [as main characters]].
　주어　　동사　　　　　　목적어

→ to find는 '찾는 것'으로 해석하며, to find 이하는 동사 decided의 목적어이다.

→ with black girls as main characters는 앞의 books를 꾸며주고 있으며, as main characters는 앞의 black girls를 꾸며준다.

¹⁹Now we can easily find ***books*** [with *characters* [**from** different cultures]].
　　　주어　　　동사　　　　　　　　　　목적어

→ with characters ~ cultures는 앞의 books를 꾸며주고 있으며, from different cultures는 앞에 characters를 꾸며준다.

p. 27 **Check Up**	1 ③	2 (a) ○ (b) ○	3 ①	4 ②	5 ⓐ: helpful ⓑ: new
p. 28 **Build Up**	ⓐ become	ⓑ through	ⓒ fear	ⓓ richer	
p. 28 **Sum Up**	ⓐ choose	ⓑ useful	ⓒ read	ⓓ helps	ⓔ feelings
p. 29 **Look Up**	A 1 fear	2 give	3 feeling		
	B 1 through - ~을 통하여	2 passion - 열정			
	3 useful - 유용한	4 contain - 담고 있다			
	C 1 feelings	2 interests	3 helpful		

Check Up

1 소설은 논픽션처럼 유용한 정보를 제공하지 않아도, 읽는 것이 도움이 된다고 하면서 그 이유를 설명하는 글이므로 정답은 ③이다.

2 (a) 우리는 우리의 관심사에 관한 책을 선택한다고(We choose books about our interests.) 했으므로 글의 내용과 맞다.
(b) 소설은 인간의 모든 감정을 담고 있으며, 우리는 소설을 통해 열정, 사랑, 두려움, 질투와 같은 감정을 느낄 수 있다고(We can feel passion, love, fear, and jealousy.) 했으므로 글의 내용과 맞다.

3 유용한 정보를 제공하는 것은 소설이 아니라 논픽션이므로, ①은 소설을 읽어야 하는 이유가 아니다.

4 빈칸 앞에서 우리가 책을 읽으면서 세계를 본다는 내용이 등장하므로, 빈칸에는 '눈'이 가장 알맞다.
① 귀 ② 눈 ③ 손 ④ 심장

5
소설을 읽는 것은 ⓐ 도움이 된다. 그것은 우리에게 유용한 정보를 주지 않을지도 모르지만, 그것은 우리가 ⓑ 새로운 세계를 보도록 도와준다.

Build Up

• 우리가 소설을 읽을 때, 우리는 책 속의 등장인물이 ⓐ 된다.

• 우리는 등장인물의 ⓑ 눈을 통해 세계를 본다.

- 우리는 새로운 세계를 보고 우리의 사고를 기를 수 있다.
- 우리는 열정, 사랑, ⓒ 두려움과 질투를 느낄 수 있다.

↓

- 그 감정들은 가끔 우리의 삶을 ⓓ 더 풍요롭게 만든다.

Sum Up

사람들은 논픽션이 ⓑ 유용한 정보를 주기 때문에 그것을 ⓐ 선택한다. 하지만 소설도 도움이 될 수 있다. 우리가 소설을 ⓒ 읽을 때, 우리는 책 속의 등장인물이 된다. 그것은 우리가 다른 사람들의 입장이 되어보도록 ⓓ 도와준다. 또한, 우리는 열정, 사랑, 그리고 질투와 같은 많은 ⓔ 감정들을 느낄 수 있다.

🌾 끊어서 읽기

우리는 책을 선택한다 / 우리의 관심사에 관한. 그러나 우리는 자주 논픽션을 선택한다 //
[1]We choose books / about our interests. [2]But we often choose nonfiction //

그것이 우리에게 주기 때문에 / 유용한 정보를. 어떤 사람들은 생각할지도 모른다 // 소설은 그저
because it gives us / useful information. [3]Some may think // fiction is just

지어낸 이야기라고. 그러나 소설도 도움이 된다, // 그리고 여기에 그 이유가 있다:
made-up stories. [4]But fiction is helpful too, // and here is why:

우리가 소설을 읽을 때, // 우리는 등장인물이 된다 / 책에 나온. 이것은 도와준다 /
[5]When we read fiction, // we become a character / from the book. [6]This helps /

우리가 되어보도록 / 다른 사람들의 입장이. 우리가 읽는 동안, // 우리는 세계를 본다 /
us put ourselves / in other people's shoes. [7]As we read, // we see the world /

등장인물의 눈을 통해. 그것은 도와준다 / 우리가 새로운 세계를 보도록 / 그리고 우리의 사고를 기르도록.
through a character's eyes. [8]It helps / us see new worlds / and grow our minds.

그리고 소설은 담고 있다 / 모든 인간의 감정들을. 우리는 느낄 수 있다 / 열정, 사랑, 두려움, 그리고
[9]And fiction contains / all human feelings. [10]We can feel / passion, love, fear, and

질투를. 그러한 감정들은 가끔 만든다 / 우리의 삶을 더 풍요롭게.
jealousy. [11]Those feelings sometimes make / our lives richer.

🌾 우리말 해석

새로운 세계를 보세요
[1]우리는 우리의 관심사에 관한 책을 선택합니다. [2]그러나 우리는 논픽션이 우리에게 유용한 정보를 제공하기 때문에 자주

논픽션을 선택하지요. ³어떤 사람들은 소설이 그저 지어낸 이야기라고 생각할지도 모릅니다. ⁴그러나 소설도 도움이 되며, 그 이유는 다음과 같습니다.

⁵우리가 소설을 읽을 때, 우리는 책 속의 등장인물이 됩니다. ⁶이것은 우리가 다른 사람들의 입장이 되어보도록 도와줍니다. ⁷(글을) 읽으면서, 우리는 등장인물의 눈을 통해 세계를 봅니다. ⁸그것은 우리가 새로운 세계를 보고 우리의 사고를 기르도록 도와줍니다. ⁹그리고 소설은 인간의 모든 감정들을 담고 있습니다. ¹⁰우리는 열정, 사랑, 두려움, 그리고 질투를 느낄 수 있어요. ¹¹그러한 감정들은 가끔 우리의 삶을 더 풍요롭게 만들어줍니다.

🌿 주요 문장 분석하기

²But we often choose nonfiction *because* it **gives us useful information**.
　　주어　　　동사　　목적어　　　　　　주어′ 동사′　간목　　　직목

→ because는 '~하기 때문에'라는 뜻으로 두 문장을 연결하고 있으며, because 뒤의 문장은 앞 문장의 이유가 된다.

→ 「give+간접목적어+직접목적어」의 형태로 '~에게 …을[를] 주다'라는 의미이다. 간접목적어는 '~에게', 직접목적어는 '~을[를]'로 해석한다.

³Some **may** *think* (that) fiction is just made-up stories.
　주어　　동사　　　　　　목적어

→ may는 '~일지도 모른다'라는 의미로 추측을 나타내는 조동사이다.

→ think는 「that+주어+동사」의 형태로 된 목적어를 가질 수 있다.

→ that 이하는 '~하다는 것'으로 해석하며, 이때 목적어 역할을 하는 문장을 이끄는 that은 생략 가능하다.

⁸It **helps** us *see* new worlds *and* *grow* our minds.
주어 동사　목적어　　　보어1　　　　　　보어2

→ 「help+목적어+동사원형」은 '~가 …하도록 돕다'라는 의미이다.

→ see new worlds와 grow our minds가 and로 연결되어 목적어 us를 보충 설명한다.

¹¹Those feelings sometimes **make** our lives *richer*.
　　　주어　　　　　　　동사　　목적어　보어

→ 「make+목적어+형용사」는 '~을 …하게 만들다'라는 의미이다.

→ richer는 앞에 있는 목적어 our lives를 보충 설명한다.

Plants

01 A Garden in the Classroom
pp.32 ~ 35

p. 33 **Check Up**	1 ② 2 (a)○ (b)○ (c)✕ 3 ① 4 ②
	5 ⓐ: plant ⓑ: gardener
p. 34 **Build Up**	ⓐ planted ⓑ soil ⓒ took care of ⓓ gardener
p. 34 **Sum Up**	1 (A) 2 (D) 3 (C) 4 (B) / 2 → 4 → 1 → 3
p. 35 **Look Up**	A 1 plant 2 pot 3 gardener
	B 1 grow - 자라다 2 miss - 놓치다
	3 garden - 정원 4 take care of - ~을 돌보다
	C 1 plant 2 top 3 puts

Check Up

1 모든 것을 잘하는 Sophia를 질투했던 Emily가 자신의 식물과 Sophia의 식물까지 정성껏 돌봐서 그 식물들을 잘 자라게 했다는 내용이므로 정답은 ②이다.

2 (a) Sophia는 모든 것을 잘했지만 Emily는 그렇지 못했다고(Sophia did everything well, but Emily didn't.) 했으므로 글의 내용과 맞다.

(b) Sophia는 아파서 학교를 결석했다고(That day, Sophia was sick and missed school.) 했다.

(c) Emily는 Sophia의 식물까지 돌보았다고(Emily started to take care of her plant and Sophia's.) 했으므로 글의 내용과 틀리다.

3 Sophia의 식물이 더 컸고, Emily는 자신이 최고가 되고 싶어서(But Sophia's plant was a little bigger than Emily's. Emily wanted to be the best.) Sophia의 식물 위에 흙을 얹었다.

4 Emily는 Sophia가 아파서 학교에 결석하자 그녀와 그녀의 식물을 '안쓰럽게 여겨서(felt sorry)' 그녀의 식물을 돌봤다고 해야 글의 흐름상 자연스럽다.

① 따뜻한 ② 안쓰러운 ③ 행복한 ④ 이상한

5 Emily는 자신의 ⓐ 식물과 Sophia의 것을 돌보았고, 곧 그들의 식물은 가장 키가 컸다. Emily는 반에서 최고의 ⓑ 정원사였다.

Build Up

Emily는   • 수업 시간에 자신의 화분에 씨앗을 ⓐ (심었다 / 필요했다).

         • Sophia의 식물 위에 더 많은 ⓑ (물을 / 흙을) 얹었다.

         • 자신의 식물과 Sophia의 것을 ⓒ (놓쳤다 / 돌보았다).

         • 자신의 반에서 최고의 ⓓ (선생님 / 정원사)였다.

Sum Up

❷ – (D) Sophia와 Emily는 자신의 화분에 씨앗을 심었다.

❹ – (B) Emily는 Sophia의 식물 위에 더 많은 흙을 얹었다. 그녀는 최고가 되고 싶었다.

❶ – (A) Sophia는 아파서 학교를 결석했다. Emily는 자신의 식물과 Sophia의 것을 돌보았다.

❸ – (C) 그들의 식물은 반에서 가장 키가 컸다.

끊어서 읽기

Sophia와 Emily는 / 같은 반이었다. Sophia는 모든 것을 잘했다. // 하지만 Emily는
¹Sophia and Emily / were in the same class. ²Sophia did everything well, // but Emily

그렇지 않았다. 어느 날, / 그들은 각자 씨앗을 심었다 / 자신의 화분에. 선생님은
didn't. ³One day, / they each planted a seed / into their own pots. ⁴The teacher

말했다. // "그 씨앗을 잘 돌봐주세요, // 그러면 그것은 자라서 식물이 될 거예요."
said, // "Take good care of the seed, // and it will grow into a plant."

며칠 후, / 그 씨앗들이 시작했다 / 자라기. 하지만 Sophia의 식물이 약간 더 컸다 /
⁵Days later, / the seeds started / to grow. ⁶But Sophia's plant was a little bigger /

Emily의 것보다. Emily는 원했다 / 최고가 되기를. 그래서 그녀는 더 많은 흙을 얹었다 / Sophia의 것 위에.
than Emily's. ⁷Emily wanted / to be the best. ⁸So she put more soil / on top of Sophia's.

그날, / Sophia는 아파서 학교를 결석했다. Emily는 안쓰럽게 여겼다 / Sophia와
⁹That day, / Sophia was sick and missed school. ¹⁰Emily felt sorry / for Sophia

Sophia의 식물을. Emily는 시작했다 / 돌보기 / 자신의 식물과 Sophia의 것을. 곧
and Sophia's plant. ¹¹Emily started / to take care of / her plant and Sophia's. ¹²Soon

그들의 식물은 가장 키가 컸다. Emily는 최고의 정원사였다 / 반에서!
their plants were the tallest. ¹³Emily was the best gardener / in class!

우리말 해석

교실 안의 정원

¹Sophia와 Emily는 같은 반이었습니다. ²Sophia는 모든 것을 잘했지만, Emily는 그렇지 않았어요. ³어느 날, 그들은 각자 자신의 화분에 씨앗을 심었어요. ⁴선생님께서는 "그 씨앗을 잘 돌보세요, 그러면 그것이 자라서 식물이 될 거예요."라고 말씀 하셨어요.

⁵며칠 후, 씨앗이 자라기 시작했어요. ⁶하지만 Sophia의 식물이 Emily의 것보다 약간 더 컸어요. ⁷Emily는 최고가 되고 싶 었어요. ⁸그래서 그녀는 Sophia의 식물 위에 더 많은 흙을 얹었어요.

⁹그날, Sophia는 아파서 학교를 결석했습니다. ¹⁰Emily는 Sophia와 Sophia의 식물이 안쓰러웠어요. ¹¹Emily는 자신의 식물과 Sophia의 식물을 돌보기 시작했답니다. ¹²곧 그들의 식물은 가장 키가 커졌어요. ¹³Emily는 반에서 최고의 정원사였어요!

🌿 주요 문장 분석하기

²Sophia did **everything well**, but Emily didn't (do everything well).
주어1 　동사1 　목적어 　　　　　　　　주어2 　동사2

→ 접속사 but 다음에 오는 문장에서 앞의 문장과 중복되는 말인 do everything well이 생략되었다.

⁴~, "**Take** good care of the seed, **and** it will grow into a plant."

→ and로 명령문과 미래를 나타내는 문장이 연결되었으며, '~해라, 그러면 ~할 것이다'라는 의미이다.

→ 이때, and 뒤에는 명령을 지켰을 때 일어나는 일을 설명한다.

⁶But Sophia's plant was a little **bigger than Emily's** (plant).
　　　　주어　　　　동사　　　　　보어

→ 「비교급+than+비교 대상」은 '…보다 더 ~한'을 의미한다.

→ 명사의 반복을 피하기 위해 Emily's 뒤에 plant가 생략되었다.

02	**Food for Plants**			pp.36 ~ 39
p. 37 **Check Up**	1 ④　　2 (a) ✕　(b) ○　(c) ✕　　3 ②　　4 ③			
	5 ⓐ: water　ⓑ: sunlight			
p. 38 **Build Up**	ⓐ sunlight	ⓑ air	ⓒ water	ⓓ food
p. 38 **Sum Up**	ⓐ soil	ⓑ leaves	ⓒ make	ⓓ stays
p. 39 **Look Up**	A 1 sunlight　　2 hole　　3 leaf			
	B 1 go into - ~에 들어가다　　2 finally - 마지막으로			
	3 stay - 남다　　4 need - 필요로 하다			
	C 1 tiny　　2 energy　　3 call			

1 식물이 햇빛에서 나오는 에너지와 물, 이산화탄소를 사용해서 양분을 만드는 과정인 광합성에 관해 설명한 글이므로 정답은 ④이다.

2 (a) 식물은 공기 중의 이산화탄소로 양분을 만든다고(They also use water and carbon dioxide from air.) 했으므로 글의 내용과 틀리다.

(b) 식물이 양분을 만드는 과정을 과학자들이 광합성이라 부른다고(Scientists call this process photosynthesis.) 했으므로 글의 내용과 맞다.

(c) 식물이 양분을 만들 때, 이산화탄소가 잎에 있는 아주 작은 구멍에 들어간다고(First, carbon dioxide goes into the tiny holes in leaves.) 했으므로 글의 내용과 틀리다.

3 이산화탄소가 잎에 있는 아주 작은 구멍에 들어간다고 했지만, 하나의 잎에 몇 개의 구멍이 있는지에 관한 내용은 글에 없다. 따라서 정답은 ②이다.

① 식물은 어디에서 에너지를 얻나요?

② 잎에 몇 개의 구멍이 있나요?

③ 식물은 흙으로부터 무엇을 얻나요?

④ 마지막에는 무엇이 식물을 떠나나요[식물에서 빠져나오나요]?

4 빈칸 뒤에서 이산화탄소는 잎에 있는 아주 작은 구멍에 들어간다고 했으므로, 빈칸에는 '~의 안에'의 의미를 가진 inside가 가장 알맞다.

① ~ (표면) 위에 ② ~ 아래에 ③ ~의 안에 ④ ~의 옆에

5
> 식물은 양분을 만들기 위해 공기 중의 이산화탄소와 흙에서 나오는 ⓐ 물을 사용한다. 그것들은 또한 산소를 만들기 위해 ⓑ 햇빛을 필요로 한다.

광합성 과정을 한눈에 보여 주는 그림을 보며 내용을 정리해 본다.

식물은 ⓐ 햇빛에서 나오는 에너지와 ⓑ 공기 중의 이산화탄소, 흙에서 나오는 ⓒ 물을 사용하여 ⓓ 양분과 산소를 만든 후, 양분은 식물 안에 남고 산소는 밖으로 빠져나간다.

> 식물은 광합성으로 양분을 만든다. 그것들은 햇빛에서 나오는 에너지, 이산화탄소, 그리고 ⓐ 흙에서 나오는 물을 필요로 한다. 먼저, 이산화탄소가 ⓑ 잎에 들어간다. 그러고 나서 햇빛이 있는 동안에, 식물은 양분과 산소를 ⓒ 만들기 시작한다. 산소는 식물을 빠져나오지만, 양분은 식물 안에 ⓓ 남는다.

⚘ 끊어서 읽기

식물은 어떻게 만들까 / 자신의 양분을? 자신의 양분을 만들기 위해, / 식물은 에너지를 필요로 한다 /

¹How do plants make / their food? ²To make their food, / plants need energy /

햇빛에서 나오는. 그들은 또한 물을 사용한다 /   그리고 이산화탄소를 / 공기 중의. 과학자들은

from sunlight. ³They also use water / and carbon dioxide / from air. ⁴Scientists

이 과정을 부른다 / 광합성이라고.
call this process / photosynthesis.

그러면, 식물은 어디에서 만들까 / 그것의 양분을? 그것들은 그것을 만든다 / 그것들의 잎 안에서.
⁵Then, where do plants make / their food? ⁶They make it / inside their leaves.

먼저, / 이산화탄소가 아주 작은 구멍들로 들어간다 / 잎에 있는. 그리고 식물은 물을 얻는다 /
⁷First, / carbon dioxide goes into the tiny holes / in leaves. ⁸And plants get water /

흙으로부터. 다음으로, 햇빛이 있는 동안에, // 식물들은 시작한다 / 양분과 산소를 만드는 것을.
from the soil. ⁹Next, when there is sunlight, // plants start / to make food and

마지막으로, / 산소는 식물을 떠난다, // 그리고 양분은 남는다 / 식물 안에.
oxygen. ¹⁰Finally, / oxygen leaves the plants, // and food stays / in the plants.

🌿 우리말 해석

식물을 위한 양분

¹식물은 어떻게 양분을 만들까요? ²자신의 양분을 만들기 위해, 식물은 햇빛에서 나오는 에너지가 필요합니다. ³그들은 또한 물과 공기 중의 이산화탄소를 사용해요. ⁴과학자들은 이러한 과정을 광합성이라고 부릅니다.

⁵그러면, 식물은 어디에서 양분을 만들까요? ⁶그것들은 그것들의 잎 안에서 그것을 만듭니다. ⁷먼저, 이산화탄소가 잎에 있는 아주 작은 구멍에 들어가요. ⁸그리고 식물은 흙으로부터 물을 얻어요. ⁹다음으로, 햇빛이 있는 동안에 식물은 양분과 산소를 만들기 시작해요. ¹⁰마지막으로, 산소는 식물을 빠져나오고, 양분은 식물 안에 남게 됩니다.

🌿 주요 문장 분석하기

²**To make** their food, plants need energy from sunlight.
　　　　　　　　　　　주어　동사　　목적어
→ To make는 '만들기 위해서'라는 뜻으로 목적을 나타낸다.

⁴Scientists **call** this process photosynthesis.
　주어　　동사　목적어　　　　보어
→ 「call+목적어+명사」는 '~를 …라고 부르다'라는 의미이다.
→ photosynthesis는 목적어 this process를 보충 설명한다.

p. 41 **Check Up**	1 ④	2 ③	3 ③	4 ①	5 ⓐ: **became** ⓑ: **rained**				

p. 42 **Build Up**	1 (D)	2 (A)	3 (B)	4 (C)

p. 42 **Sum Up**	ⓐ **enough**	ⓑ **without**	ⓒ **threw**	ⓓ **smaller**	ⓔ **saved**

p. 43 **Look Up**	A 1 **pull**	2 **rain**	3 **throw**
	B 1 **easy** - 편안한; 쉬운	2 **without** - ~ 없이, ~이 없는	
	3 **once** - 한 번	4 **fat** - 뚱뚱한	
	C 1 **threw**	2 **pull**	3 **enough**

Check Up

1 오래전에 바오바브나무가 신을 화나게 만들어 비가 거의 오지 않는 지역에 살게 된 후, 물을 저장하느라 지금의 뚱뚱한 모양이 되었다는 이야기이므로 정답은 ④이다.

2 새로 옮겨진 곳이 일 년에 오직 한 번만 비가 와서 바오바브나무는 매우 슬펐다고(The tree was very sad because it only rained once a year.) 했으므로 글의 내용과 틀린 것은 ③이다.

3 바오바브나무는 물을 얻기 위해 자신의 몸에 구멍들을 만들었고, 나뭇잎은 더 작아졌다고(So, the tree made holes in itself, and its leaves got smaller.) 했으므로 정답은 ③이다.

4 빈칸 다음에 일 년에 오직 한 번만 비가 온다는 말이 이어지므로 매우 '건조한(dry)' 지역임을 알 수 있다.
① 건조한 ② 아주 작은 ③ 좋은 ④ 편안한

5 바오바브나무는 ⓑ 비가 올 때 점점 ⓐ 더 뚱뚱해졌다.

Build Up

❶ – (D) 신은 바오바브나무를 뽑아서 그것을 매우 건조한 곳에 던졌다.

❷ – (A) 일 년에 오직 한 번만 비가 왔기 때문에, 그 나무는 매우 슬펐다.

❸ – (B) 그 나무는 자신의 몸에 구멍들을 만들었고, 그것의 나뭇잎들은 더 작아졌다.

❹ – (C) 비가 오면, 그 나무는 물을 저장했고 점점 더 뚱뚱해졌다.

Sum Up

> 바오바브나무는 **ⓐ** 충분한 물과 햇빛이 있는 곳에서 살았다. 그 나무는 물 **ⓑ** 없이도 살 수 있다고 생각했다. 신이 이것을 들었을 때, 그는 건조한 곳으로 그 나무를 **ⓒ** 던졌다. 그 나무는 자신의 몸에 구멍들을 만들었고, 그 것의 나뭇잎들은 **ⓓ** 더 작아졌다. 비가 오면, 그 나무는 자신의 구멍들 안에 물을 **ⓔ** 저장했다.

🌿 끊어서 읽기

오래전에, / 바오바브나무는 살았다 / 아름다운 곳에서. 충분한 물과 햇빛이 있었다.
¹A long time ago, / a baobab tree lived / in a beautiful place. ²There was enough

그 나무는 좋고 편안한 삶을 살았다. 그 나무는 생각했다 //
water and sunlight. ³The tree lived a good and easy life. ⁴The tree thought //

그것이 살 수 있다고 / 물 없이. 신이 이것을 들었을 때, // 그는 매우 화가 났다.
it could live / without water. ⁵When God heard about this, // he was very angry.

그래서 신은 그 나무를 뽑았다. 그는 그것을 던졌다 / 매우 건조한 곳에. 나무는 매우
⁶So God pulled out the tree. ⁷He threw it / in a very dry place. ⁸The tree was very

슬펐다 // 비가 오직 왔기 때문에 / 일 년에 한 번. 그래서, / 나무는 구멍들을 만들었다 / 그것 (몸) 안에, //
sad // because it only rained / once a year. ⁹So, / the tree made holes / in itself, //

그리고 그것의 나뭇잎들은 더 작아졌다. 비가 오면, // 나무는 그 구멍들을 이용하곤 했다 / 그리고
and its leaves got smaller. ¹⁰When it rained, // the tree would use the holes / and

물을 저장했다. 그것은 점점 더 뚱뚱해졌다.
save water. ¹¹It became fatter and fatter.

🌿 우리말 해석

신과 바오바브나무

¹오래전에, 바오바브나무는 아름다운 곳에 살았습니다. ²충분한 물과 햇빛이 있었어요. ³그 나무는 좋고 편안한 삶을 살았지 요. ⁴그 나무는 물이 없어도 살 수 있다고 생각했어요. ⁵신이 이것을 들었을 때, 매우 화가 났지요.

⁶그래서 신은 그 나무를 뽑았어요. ⁷그는 그것을 매우 건조한 곳에 던져버렸어요. ⁸일 년에 오직 한 번만 비가 왔기 때문에 나무는 매우 슬펐어요. ⁹그래서, 나무는 몸에 구멍들을 만들었고, 그것의 나뭇잎들은 더 작아졌어요. ¹⁰비가 오면, 나무는 그 구멍들을 이용하여 물을 저장하곤 했어요. ¹¹그것은 점점 더 뚱뚱해졌답니다.

🌿 주요 문장 분석하기

⁴The tree thought (**that**) it could live without water.
　　주어　　동사　　　　　주어'　동사'

→ 「think[thought]+(that)+주어+동사」의 형태로, '(주어)가 ~하다고 생각하다[생각했다]'라는 의미이다.

→ (that) it could live without water는 동사 thought의 목적어이다.
　「that+주어+동사」는 '(주어)가 ~하다는 것'으로 해석하며, 접속사 that이 동사의 목적어 역할을 할 때는 생략될 수 있다.

⁹So, the tree made holes in **itself**, **and** its leaves **got** *smaller*.
　　 주어1　　 동사1　　　 목적어1　　　　　　　　 주어2　 동사2　 보어2

→ 접속사 and로 두 문장이 연결되었다.

→ itself는 주어 the tree를 가리킨다.

→ 「get[got]+형용사」는 '~해지다[해졌다]'라는 의미이며, 형용사 small의 비교급 smaller가 왔다.

¹⁰When it rained, the tree **would** use the holes **and** *(would)* save water.
　　 주어′ 동사′　　 주어　　 동사1　　 목적어1　　　　　　 동사2　　 목적어2

→ When it rained의 시제가 과거이기 때문에, 미래를 나타내는 표현 will의 과거형 would가 사용되었다.

→ 동사 would use와 save는 and로 연결되었으며, save 앞에 would는 반복을 피하기 위해 생략되었다.

¹¹It became **fatter and fatter**.
　주어　 동사　　　 보어

→ fatter는 형용사 fat의 비교급이며, 「비교급+and+비교급」은 '점점 더 ~한[하게]'라는 의미이다.

04　A Strange Tree

p. 45 Check Up	1 ②　　2 (a)✕　(b)○　(c)✕　　3 ④　　4 ②
	5 ⓐ: happens　ⓑ: trunks

p. 46 Build Up	ⓐ save	ⓑ most	ⓒ call	ⓓ branches

p. 46 Sum Up	ⓐ strange	ⓑ grow	ⓒ months	ⓓ inside	ⓔ season

p. 47 Look Up	A 1 dry	2 root	3 season
	B 1 way - 방식, 방법	2 look like - ~처럼 보이다	
	3 often - 종종, 자주	4 upside-down - 거꾸로 된	
	C 1 strange	2 happen	3 survive

Check Up

1 비가 거의 오지 않는 건조한 지역에 사는 바오바브나무가 생존하는 방법을 설명하는 내용이므로 정답은 ②이다.

2 (a) 대부분의 식물과 다른 방식으로 자란다고(Baobab trees grow in a different way.) 했으므로 글의 내용과 틀리다.

(b) 잎이 없을 때는 나무의 가지와 줄기 안에서 광합성이 일어난다고(When there are no leaves,

Chapter 2　**21**

photosynthesis happens inside the trees' branches and trunks.) 했으므로 글의 내용과 맞다.

(c) 비가 오지 않는 건기에도 양분을 만들면서 자랄 수 있다고(So during the dry season, the trees can survive, make food, and grow.) 했으므로 글의 내용과 틀리다.

3 밑줄 친 @는 '사람들이 종종 그것들을 '거꾸로 된 나무'라고 부른다.'라는 의미이다. 밑줄 친 문장 앞에서는 맨 윗부분에 있는 가지가 뿌리처럼 보인다고(Their branches at the top look like roots.) 하면서 바오바브나무의 생김새를 설명한다. 따라서 정답은 ④이다.

4 빈칸 다음에 이어지는 내용이 잎이 없을 때 광합성을 하는 방법이므로, 빈칸에는 '잎'이 들어가야 어울린다.
① 물 ② 잎들 ③ 가지들 ④ 줄기들

5
> 보통, 광합성은 식물의 잎 안에서 @ 일어난다. 하지만 바오바브나무가 잎이 없을 때 그것은[광합성은] 가지나 ⓑ 줄기 안에서 일어난다.

Build Up

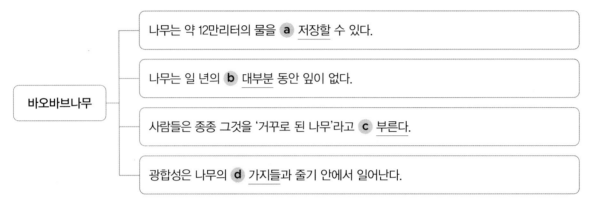

바오바브나무
- 나무는 약 12만리터의 물을 ⓐ 저장할 수 있다.
- 나무는 일 년의 ⓑ 대부분 동안 잎이 없다.
- 사람들은 종종 그것을 '거꾸로 된 나무'라고 ⓒ 부른다.
- 광합성은 나무의 ⓓ 가지들과 줄기 안에서 일어난다.

Sum Up

> 바오바브나무는 일 년의 대부분 동안 잎이 없기 때문에 ⓐ 이상해 보인다. 그것은 다른 방식으로 ⓑ 자란다. 바오바브나무는 오직 ⓒ 세 달 동안만 잎이 있기 때문에, 광합성은 가지나 줄기 ⓓ 안에서 일어난다. 또한, 그것은 ⓔ 건기 동안 살아남기 위해 줄기 안에 물을 저장할 수 있다.

끊어서 읽기

바오바브나무는 ~해 보인다 / 조금 이상한.　　　일 년의 대부분 동안, /　　　그 나무는 잎이 없다.
¹Baobab trees look / a little strange. ²For most of the year, / the trees have no leaves.

그것들의 맨 윗부분에 있는 가지들은 / 뿌리처럼 보인다.　　사람들은 종종 부른다 /　　그것들을 '거꾸로 된
³Their branches at the top / look like roots. ⁴People often call / them "upside-down

나무'라고.
trees."

바오바브나무는 자란다 /　　다른 방식으로.　　대부분의 식물들에서, /　　　광합성은 일어난다　　　/
⁵Baobab trees grow / in a different way. ⁶For most plants, / photosynthesis happens /

그것들의 잎 안에서.　　　그러나 바오바브나무는 잎이 있다　/　오직 세 달 동안만.

inside their leaves. ⁷But baobab trees have leaves / for only three months. ⁸When

잎이 없을 때,　//　광합성은 일어난다　/　나무의 가지들과 줄기들 안에서.

there are no leaves, // photosynthesis happens / inside the trees' branches and trunks.

나무는 또한 물을 사용한다　/　줄기 안에 있는.　그 줄기는 저장할 수 있다　/　약

⁹The trees also use the water / inside their trunks. ¹⁰The trunk can save / about

12만리터의 물을.　그래서 건기 동안에,　/　나무들은 살아남을 수 있고,　/

120,000 liters of water. ¹¹So during the dry season, / the trees can survive, /

양분을 만들고, / 그리고 자랄 수 있다.

make food, / and grow.

우리말 해석

이상한 나무

¹바오바브나무는 조금 이상해 보입니다. ²일 년의 대부분은 나무에 잎이 없죠. ³그것들의 맨 윗부분에 있는 가지들은 뿌리처럼 보입니다. ⁴사람들은 종종 그것들을 '거꾸로 된 나무'라고 불러요.

⁵바오바브나무는 다른 방식으로 자랍니다. ⁶대부분의 식물들에서, 광합성은 잎 안에서 일어나요. ⁷그러나 바오바브나무는 오직 세 달 동안만 잎이 있답니다. ⁸잎이 없을 때, 광합성은 (바오바브)나무의 가지들과 줄기 안에서 일어나요. ⁹나무는 또한 줄기 안에 있는 물을 사용합니다. ¹⁰그 줄기는 약 12만리터의 물을 저장할 수 있어요. ¹¹그래서 건기 동안에 나무들은 살아남아, 양분을 만들고 자랄 수 있습니다.

주요 문장 분석하기

¹Baobab trees **look** a little **strange**.

　　주어　　　동사　　　보어

→ 「look+형용사」는 '~해 보이다'라는 의미이며, a little strange는 주어 Baobab trees를 보충 설명한다.

³*Their branches* [at the top] **look like** roots.

　　　주어　　　　　　　동사

→ at the top은 Their branches를 뒤에서 꾸며준다.

→ 「look like+명사」는 '~처럼 보이다'라는 의미이며, roots는 주어 Their branches를 보충 설명한다.

⁷But baobab trees have leaves **for** only three months.

　　　주어　　　　동사　목적어

→ '~ 동안'이라는 뜻의 전치사 for 다음에는 시간을 나타내는 구체적인 표현이 온다.

⁹The trees also use *the water* [inside their trunks].

　　주어　　　동사　　　목적어

→ inside their trunks는 앞에 있는 the water를 뒤에서 꾸며준다.

Energy

01 | Energy around Us
pp.50 ~ 53

p. 51 **Check Up**	1 ③ 2 (a)✕ (b)◯ (c)◯ 3 ②
	4 ⓐ: **different** ⓑ: **everywhere**
p. 52 **Build Up**	1 (B) 2 (A) 3 (C)
p. 52 **Sum Up**	ⓐ **around** ⓑ **kinds** ⓒ **plants** ⓓ **food** ⓔ **move**
p. 53 **Look Up**	A 1 **heat** 2 **fly** 3 **cook**
	B 1 **electricity** - 전기 2 **stay** - ~인 채로 있다
	3 **kind** - 종류, 유형 4 **come from** - ~에서 나오다
	C 1 **everywhere** 2 **fuel** 3 **impossible**

Check Up

1 에너지는 우리의 눈에 보이지는 않지만 여러 가지 형태로 어디에나 있다고 하면서 태양과 바람, 불, 그리고 음식에서 얻을 수 있는 에너지에 대해 설명하고 있으므로 정답은 ③이다.

2 (a) 에너지를 우리의 눈으로 보는 것은 불가능하다고(Seeing energy with our eyes is impossible.) 했으므로 글의 내용과 틀리다.

(b) 태양에서 열과 빛이 나오고, 그것들은 에너지의 종류라고(The sun gives us heat and light. Heat and light are kinds of energy.) 했으므로 글의 내용과 맞다.

(c) 음식은 우리 몸을 위한 연료와 같다고(It's like fuel for our body.) 했으므로 글의 내용과 맞다.

3 바람에서 나오는 에너지는 연을 날리거나 전기를 만들 수 있다고(The energy from wind can fly a kite and make electricity.) 했지만, 우리를 시원하게 해준다는 내용은 없으므로 정답은 ②이다.

4
> 에너지는 ⓐ 여러 가지 형태로 존재한다. 우리는 우리의 눈으로 그것을 볼 수 없지만 그것은 ⓑ 어디에나 있다.

Build Up

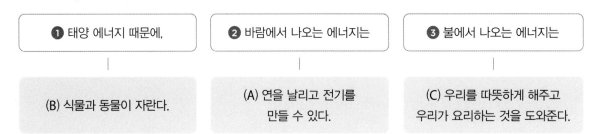

❶ 태양 에너지 때문에,

❷ 바람에서 나오는 에너지는

❸ 불에서 나오는 에너지는

(B) 식물과 동물이 자란다.

(A) 연을 날리고 전기를 만들 수 있다.

(C) 우리를 따뜻하게 해주고 우리가 요리하는 것을 도와준다.

Sum Up

우리는 눈으로 에너지를 볼 수 없지만, 그것은 우리 **a** 주변에 있다. 여러 가지 **b** 종류의 에너지가 있다. 우리는 태양, 바람, 불, 그리고 음식으로부터 에너지를 얻는다. 태양에서 나오는 열과 빛은 **c** 식물들을 자라게 한다. 바람에서 나오는 에너지는 전기를 만들 수 있다. 불에서 나오는 에너지는 우리를 따뜻하게 해준다. 에너지는 또한 **d** 음식에도 있다. 우리는 그것 때문에 **e** 움직이고, 자라고, 생각한다.

끊어서 읽기

우리의 눈으로 에너지를 보는 것은 / 불가능하다. 하지만 에너지는 ~ 있다 / 여러 가지 형태로, //
¹Seeing energy with our eyes / is impossible. ²But energy is / in different forms, //

그리고 그것은 어디에나 있다. 태양은 우리에게 준다 / 열과 빛을. 열과 빛은 / 에너지의
and it's everywhere. ³The sun gives us / heat and light. ⁴Heat and light / are kinds

종류이다. 식물과 동물은 자란다 / 태양 에너지 때문에.
of energy. ⁵Plants and animals grow / because of sun energy.

바람은 공기이다 / 에너지를 가진. / ~도. 바람에서 나오는 에너지는 / 연을 날릴 수 있다 / 그리고
⁶The wind is air / with energy, too. ⁷The energy from wind / can fly a kite / and

전기를 만들 (수 있다). 에너지는 또한 나올 수 있다 / 불에서. 그 에너지를 이용하여, / 우리는 따뜻한 채로
make electricity. ⁸Energy can also come / from fire. ⁹With that energy, / we can stay

있을 수 있다 / 그리고 요리할 수도 있다.
warm / and even cook.

우리의 몸 또한 에너지를 필요로 한다, //그리고 우리는 그것을 얻는다 / 음식으로부터. 음식은 우리에게
¹⁰Our body also needs energy, // and we get it / from food. ¹¹Food gives us

에너지를 준다 / 움직이고, 자라고, 생각하는. 그것은 연료와 같다 / 우리의 몸을 위한.
energy / to move, grow, and think. ¹²It's like fuel / for our body.

우리말 해석

우리 주변에 있는 에너지
¹우리의 눈으로 에너지를 보는 것은 불가능합니다. ²하지만 에너지는 여러 가지 형태로 존재하고, 어디에나 있지요. ³태양은 우리에게 열과 빛을 줍니다. ⁴열과 빛은 에너지의 종류예요. ⁵식물과 동물은 태양 에너지 덕분에 자랍니다.
⁶바람도 에너지를 가진 공기입니다. ⁷바람에서 나오는 에너지(풍력 에너지)는 연을 날리고 전기를 만들 수 있어요. ⁸에너지는 불에서도 나올 수 있습니다. ⁹그 에너지를 이용하여, 우리는 따뜻하게 지낼 수 있고 요리할 수도 있어요.
¹⁰우리의 몸 또한 에너지를 필요로 하며, 우리는 음식으로부터 에너지를 얻어요. ¹¹음식은 우리에게 움직이고, 자라고, 생각할 수 있는 에너지를 줍니다. ¹²그것은 우리의 몸을 위한 연료와 같아요.

🌾 주요 문장 분석하기

<u>¹**Seeing** energy *with* our eyes **is** impossible.</u>
       주어   동사   보어

→ Seeing은 '보는 것'이라 해석하며, 「동사원형+-ing」의 형태가 주어로 쓰일 때는 단수로 취급하므로 단수동사 is 가 온다.

→ with는 '~로, ~을 이용하여'라는 도구의 의미로 쓰였다.

<u>³The sun **gives** *us* *heat and light*.</u>
    주어   동사   간접목적어 직접목적어

→ 「give+간접목적어+직접목적어」는 '~에게 …을[를] 주다'라는 의미이다. 간접목적어는 '~에게'로 해석하고, 직접 목적어는 '…을[를]'로 해석한다.

<u>⁷*The energy* [from wind] **can fly** a kite **and** (*can*) **make** electricity.</u>
        주어   동사1   목적어1   동사2   목적어2

→ from wind는 The energy를 뒤에서 꾸며준다.

→ can fly와 make는 and로 연결되었으며, make 앞에 can은 생략되었다.

<u>¹¹Food gives us *energy* [**to move, grow,** and **think**].</u>
  주어   동사 간접목적어   직접목적어

→ to move는 '움직이는'이라고 해석한다. 뒤에 grow와 think도 to에 이어져 '자라는', '생각하는'이라고 해석한다.

→ to move, grow, and think는 앞의 energy를 꾸며준다.

<u>¹²It's like *fuel* [for our body].</u>
         보어

→ for our body는 뒤에서 fuel을 꾸며준다.

→ like fuel for our body는 주어 It을 보충 설명한다.

02	**A Small Change**			pp.54 ~ 57
p. 55 **Check Up**	1 ② 2 (a) ✕ (b) ◯ (c) ◯ 3 ① 4 ② 5 ⓐ: own ⓑ: call			
p. 56 **Build Up**	1 (C) 2 (A) 3 (B)			
p. 56 **Sum Up**	4 → 3 → 1 → 2			
p. 57 **Look Up**	A 1 small	2 bright		3 drive
	B 1 island - 섬	2 go out - (불·전깃불이) 나가다		
	3 electric - 전기의	4 mechanic - 기계공		
	C 1 drives	2 used		3 nobody

Check Up

1 에너지에 대해 무관심하던 작은 섬이 몇 년 전의 변화로 인해 '에너지 섬'으로 불리게 되었다는 이야기이므로 정답은 ②이다.

2 (a) Brian 씨만 선생님의 말을 듣고 풍력 발전기를 세웠다고(Only the mechanic, Mr. Brian, did. He put up a used wind turbine.) 했으므로 글의 내용과 틀리다.

(b) 정전으로 모든 것이 어두웠을 때 풍력 발전기를 세운 Brian 씨의 집만 밝았다고(But only his house was bright.) 했으므로 글의 내용과 맞다.

(c) 어떤 사람들은 햇빛으로 에너지를 만든다고(Now some people make energy with sunlight.) 했으므로 글의 내용과 맞다.

3 글쓴이의 학교 선생님이 직접 에너지를 만들자고 사람들에게 제안했다고 했으며, Brian 씨의 직업은 기계공이고, 에너지를 만들기 위해 사람들은 태양 에너지를 이용하거나 농작물로 연료 기름을 만든다고 했다. 사람들은 글쓴이가 살고 있는 섬을 '에너지 섬'이라 부른다고 했지만 그 섬의 위치에 대한 내용은 글에 없다. 따라서 정답은 ①이다.

4 빈칸 앞에서는 섬이 작을지도 모른다는 내용이 나오고, 빈칸 뒤에서는 거대한 변화를 가져올 수 있다는 내용이 나오므로, 빈칸에는 반대되는 의미의 문장을 연결하는 접속사 but(하지만)이 가장 알맞다.

① 그래서 ② 하지만 ③ 그리고 ④ 왜냐하면

5

> 몇 년 전에, 우리는 ⓐ 직접 에너지를 만들기 시작했다. 지금은 사람들이 우리의 섬을 '에너지 섬'이라고 ⓑ 부른다.

Build Up

질문	대답
❶ 학교 선생님은 무엇을 만들기를 원했는가?	(C) 그는 에너지를 만들기를 원했다.
❷ 누가 그 선생님의 말을 먼저 들었는가? 그 사람은 무엇을 했는가?	(A) 기계공이 먼저 들었다. 그는 중고 풍력 발전기를 세웠다.
❸ 사람들은 이제 에너지를 어떻게 만드는가?	(B) 어떤 사람들은 햇빛으로 에너지를 만들고, 다른 사람들은 자신의 농작물을 사용한다.

Sum Up

❹ 우리 학교 선생님은 우리가 직접 에너지를 만들기를 원했다. 하지만 아무도 그의 말을 듣지 않았다. →

❸ Brian 씨는 우리 학교 선생님의 말을 듣고 중고 풍력 발전기를 세웠다. →

❶ 모든 것이 어두웠을 때, Brian 씨의 집은 풍력 발전기 때문에 밝았다. →

❷ 이제 사람들은 에너지를 만들기 위해 햇빛을 사용한다. 그들은 또한 전기차를 운전한다.

우리의 섬은 작다.　　사람들은 이곳을 부른다 / '에너지 섬'이라고.　　몇 년 전에,　/　우리는
[1]Our island is small. [2]People call it / "Energy Island." [3]Some years ago, / we didn't

에너지에 대해 생각하지 않았다.　　하지만 우리 학교 선생님은 원했다　/　우리가 직접 에너지를 만들기를.
think about energy. [4]But our school teacher wanted / to make our own energy.

그는 사람들에게 말했다,　　//　하지만 아무도 듣지 않았다.　　오직 기계공, Brian 씨만이 들었다.
[5]He talked to people, // but nobody listened. [6]Only the mechanic, Mr. Brian, did.

그는 세웠다　/　중고 풍력 발전기를.　　전기가 나갔을 때　/　어느 추운 밤에,　//
[7]He put up / a used wind turbine. [8]When the power went out / on a cold night, //

모든 것이 어두웠다.　　하지만 오직 그의 집만 밝았다.
everything was dark. [9]But only his house was bright.

그날 이후,　/　모든 사람들이 시작했다 /　우리 선생님(의 말을) 듣기.　　이제 어떤 사람들은
[10]After that day, / everyone started / listening to our teacher. [11]Now some people

에너지를 만든다　/　햇빛으로.　　다른 사람들은 연료 기름을 만든다 / 그들의 농작물로.
make energy / with sunlight. [12]Others make fuel oil / from their crops.

어른들은 운전한다　/　전기차를,　//　그리고 아이들은 탄다 /　전기 자전거를.　　우리의
[13]Grown-ups drive / electric cars, // and children ride / electric bicycles. [14]Our

섬은 작을지도 모른다,　//　하지만 우리는 거대한 변화를 가져올 수 있다.
island may be small, // but we can make a huge difference.

🌿 우리말 해석

작은 변화

[1]우리의 섬은 작습니다. [2]사람들은 이곳을 '에너지 섬'이라고 불러요. [3]몇 년 전에, 우리는 에너지에 대해 생각하지 않았어요. [4]하지만 우리 학교 선생님은 우리가 직접 에너지를 만들기를 원하셨어요.

[5]선생님이 사람들에게 말했지만 아무도 듣지 않았어요. [6]오직 기계공인 Brian 씨만 (선생님의 말을) 들었어요. [7]그는 중고 풍력 발전기를 세웠지요. [8]어느 추운 밤에 전기가 나갔을 때, 모든 것이 어두웠습니다. [9]하지만 오직 그의 집만 밝았답니다.

[10]그날 이후, 모든 사람들이 우리 선생님의 말을 듣기 시작했습니다. [11]이제 어떤 사람들은 햇빛으로 에너지를 만듭니다. [12]다른 사람들은 자신의 농작물로 연료 기름을 만들어요. [13]어른들은 전기차를 운전하고, 아이들은 전기 자전거를 탑니다. [14]우리의 섬은 작을지도 모르지만, 우리는 거대한 변화를 가져올 수 있어요.

🌿 주요 문장 분석하기

[6]Only the mechanic, Mr. Brian, **did**.
　　　　　　　　주어　　　　　　동사

→ the mechanic과 Mr. Brian은 같은 사람을 나타내는 말로 콤마로 연결하였다.

→ do[did]는 앞에 쓰인 동사를 대신하는 말로, 여기서는 listened를 대신한다.

$\overset{14}{\underline{\text{Our island}}}$ **may** $\underline{\text{be}}$ $\underline{\text{small}}$, **but** $\underline{\text{we}}$ $\underline{\text{can make}}$ $\underline{\text{a huge difference}}$.

　　주어1　　　　　동사1　보어1　　　주어2　　동사2　　　　목적어2

➜ may는 '~일지도 모른다'의 의미로 추측을 나타내는 조동사이며, 뒤에 동사원형이 온다.

➜ but은 '하지만'이라는 의미로 반대를 나타내는 문장을 연결하는 접속사이다.

03 The Power to Be Warm

pp.58 ~ 61

p. 59 **Check Up**	1 heat	2 ②	3 (a) ○ (b) × (c) ○	4 ③
p. 60 **Build Up**	ⓐ heater	ⓑ cooks	ⓒ warm up	ⓓ sun ⓔ make
p. 60 **Sum Up**	ⓐ flow	ⓑ cooler	ⓒ cooking	ⓓ use ⓔ food
p. 61 **Look Up**	A 1 temperature	2 bath	3 hot	

Look Up (continued)

- A 1 temperature　2 bath　3 hot
- B 1 place - 곳, 장소　2 together - 함께, 같이
  　3 all around - 사방에　4 warm up - 따뜻하게 하다
- C 1 cool　2 keep　3 object

Check Up

1 글에서 가장 많이 등장한 단어는 heat(열)이다.

2 우리 주변에 있는 다양한 형태의 열에너지에 관한 내용이므로 정답은 ②이다.

3 (a) 과학에서 열은 따뜻한 부분에서 더 시원한 부분으로 가는 에너지의 흐름을 의미한다고(It is the flow of energy from warm areas to cooler areas.) 했으므로 글의 내용과 맞다.

(b) 두 개의 물체의 온도가 다를 때, 열은 더 뜨거운 곳에서 더 시원한 곳으로 이동한다고(When two objects are together but have different temperatures, heat moves from the hotter place to the cooler place.) 했으므로 글의 내용과 틀리다.

(c) 열에너지는 사방에 있으며, 우리는 그것을 매일 사용한다고(Heat energy is all around us. We use it every day.) 했으므로 글의 내용과 맞다.

4 우리는 목욕하기 위해 뜨거운 물을 사용하고, 뜨거운 물은 우리의 몸을 따뜻하게 해준다고 했으므로 정답은 ③ 이다.

우리 주변에서 볼 수 있는 열에너지의 예시를 정리해 본다.

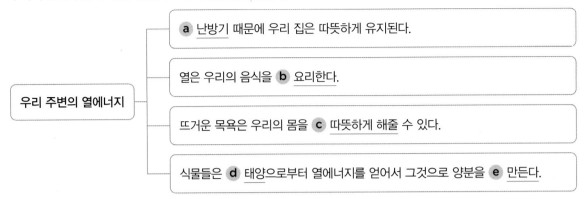

우리 주변의 열에너지

a 난방기 때문에 우리 집은 따뜻하게 유지된다.

열은 우리의 음식을 **b** 요리한다.

뜨거운 목욕은 우리의 몸을 **c** 따뜻하게 해줄 수 있다.

식물들은 **d** 태양으로부터 열에너지를 얻어서 그것으로 양분을 **e** 만든다.

Sum Up

과학에서 열은 따뜻한 부분에서 **b** 더 시원한 부분으로 가는 에너지의 **a** 흐름이다. 우리는 매일 열에너지를 사용한다. 그것 때문에, 우리는 많은 것들을 할 수 있다. 우리는 집을 따뜻하게 유지하기 위해 열을 사용한다. 우리는 또한 **c** 요리하거나 목욕하기 위해 열을 사용한다. 식물들 또한 열에너지를 **d** 사용한다. 그것들은 태양으로부터 열에너지를 얻어서 그것으로 **e** 양분을 만든다.

끊어서 읽기

단어 '열'은 흔히 의미한다 / 더운 날씨를. 하지만 과학에서는, / 그 단어는 의미한다 /
[1]The word "heat" often means / hot weather. [2]But in science, / the word means /

다른 무언가를. 그것은 에너지의 흐름이다 / 따뜻한 부분에서 더 시원한 부분으로 (이동하는).
something different. [3]It is the flow of energy / from warm areas to cooler areas.

두 개의 물체가 같이 있을 때 / 하지만 다른 온도를 가지고 (있을 때), // 열은 이동한다
[4]When two objects are together / but have different temperatures, // heat moves

/ 더 뜨거운 곳에서 더 시원한 곳으로.
/ from the hotter place to the cooler place.

열에너지는 사방에 있다. 우리는 매일 그것을 사용한다. 난방기는 유지한다 / 우리의 집을 따뜻하게.
[5]Heat energy is all around us. [6]We use it every day. [7]A heater keeps / our house

우리는 또한 열을 사용한다 / 요리하기 위해. 열은 요리한다 / 우리의 음식을. 그리고 우리는 사용한다 /
warm. [8]We also use heat / for cooking. [9]The heat cooks / our food. [10]And we use /

뜨거운 물을 / 목욕을 위해. 뜨거운 물은 따뜻하게 할 수 있다 / 우리의 몸을. 식물들 또한 사용한다 /
hot water / for a bath. [11]Hot water can warm up / our bodies. [12]Plants also use /

열에너지를. 그들은 얻는다 / 열에너지를 / 태양으로부터 / 그리고 양분을 만든다 / 그것으로.
heat energy. [13]They get / heat energy / from the sun / and make food / with it.

따뜻하게 해주는 힘

¹단어 '열'은 흔히 더운 날씨를 의미합니다. ²하지만 과학에서는, 그 단어는 다른 것을 의미해요. ³그것은 따뜻한 부분에서 더 시원한 부분으로 이동하는 에너지의 흐름이에요. ⁴두 개의 물체가 같이 있지만 다른 온도일 때, 열은 더 뜨거운 곳에서 더 시원한 곳으로 이동합니다.

⁵열에너지는 사방에 있습니다. ⁶우리는 매일 그것을 사용해요. ⁷난방기는 우리 집을 따뜻하게 유지해요. ⁸우리는 또한 요리하기 위해 열을 사용해요. ⁹열은 우리의 음식을 요리하지요. ¹⁰그리고 우리는 목욕을 하려고 뜨거운 물을 사용합니다. ¹¹뜨거운 물은 우리의 몸을 따뜻하게 할 수 있어요. ¹²식물들 또한 열에너지를 이용해요. ¹³그들은 태양으로부터 열에너지를 얻어서 그것으로 양분을 만들어요.

🌿 **주요 문장 분석하기**

³It is *the flow of energy* [**from** warm areas **to** cooler areas].
→ from warm areas to cooler areas는 앞의 the flow of energy를 꾸며준다.
→ 「from A to B」는 'A에서 B로'라는 의미이다.

⁷A heater **keeps** our house **warm**.
　　주어　　동사　　목적어　　보어
→ 「keep+목적어+형용사」는 '~을 …한 상태로 유지하다'라는 의미이다.
→ warm은 목적어 our house를 보충 설명한다.

04	**Muffins in the Oven**				pp.62 ~ 65
p. 63 **Check Up**	1 ④	2 ②	3 ④	4 ③	5 ⓐ: set ⓑ: heat
p. 64 **Build Up**	4 → 2 → 3 → 1				
p. 64 **Sum Up**	ⓐ left	ⓑ put	ⓒ heat	ⓓ bottoms	ⓔ delicious
p. 65 **Look Up**	A 1 take out of	2 bottom		3 set	
	B 1 medium - 중간의	2 delicious - 맛있는			
	3 breakfast - 아침식사	4 turn on - (전원을) 켜다			
	C 1 Leave	2 smells		3 side	

Check Up

1 Larry가 아침식사로 먹을 토스트를 태워서 Kate가 오븐으로 머핀을 만드는 내용이므로 ④가 가장 알맞은 제목이다.

2 Kate가 오븐의 전원을 켰다고(Then she turned on the oven.) 했으므로 Larry가 한 일이 아닌 것은 ②이다.

3 빵을 토스터에 너무 오래 놔둬서 탔다고("You left the bread in the toaster too long!") 했으며, 오븐은 중간 온도로 조절했다고(She set it to a medium heat ~.) 했다. 머핀은 반죽을 만들어 금속 팬에 넣고 오븐에 구워서 만들어진다는(She put the muffin batter into a metal pan. Then she turned on the oven. ~ and put the pan inside.) 내용은 있지만, 완성된 머핀의 개수에 대한 내용은 없으므로 정답은 ④이다.

4 빈칸 앞 문장에서는 오븐 안에서 열이 머핀 사방으로 퍼지고 있다는 내용이 나오고, 빈칸 뒷 문장에서는 나중에 오븐 안에 있던 팬을 꺼냈다는 내용이 나온다. 따라서 빈칸에는 열이 머핀의 바닥과 옆면을 '요리하다'라는 내용이 들어가야 알맞다.
① 태우다 ② 식히다 ③ 요리하다 ④ 만들다

5
Kate는 오븐을 중간 온도로 ⓐ 조절했다. 그 ⓑ 열은 머핀 사방으로 퍼졌다.

Build Up

머핀이 반죽에서부터 열로 구워져 완성되는 과정까지 정리한다.

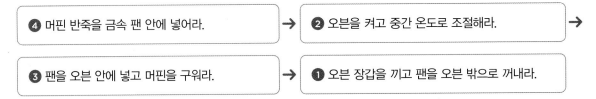

❹ 머핀 반죽을 금속 팬 안에 넣어라. → ❷ 오븐을 켜고 중간 온도로 조절해라. →

❸ 팬을 오븐 안에 넣고 머핀을 구워라. → ❶ 오븐 장갑을 끼고 팬을 오븐 밖으로 꺼내라.

Sum Up

Larry는 빵을 토스터에 너무 오래 ⓐ 놔둬서 그것을 태웠다. 그래서 Kate는 머핀을 만들기 시작했다. 그녀는 머핀 반죽을 금속 팬 안에 ⓑ 넣었다. 그러고 나서 그녀는 오븐 전원을 켰고, 그것을 중간 ⓒ 온도로 조절했다. Larry와 Kate는 오븐 안에 있는 머핀들을 지켜보았다. 그 열은 (머핀의) ⓓ 바닥과 옆면을 요리했다. Larry가 팬을 오븐에서 꺼냈을 때, 그 머핀들은 ⓔ 맛있는 냄새가 났다.

끊어서 읽기

Larry는 토스트를 원했다 / 아침식사로. 그는 약간의 빵을 넣었다 / 토스터에. 그런데 그는
[1]Larry wanted toast / for breakfast. [2]He put some bread / in the toaster. [3]But he

그것을 태웠다. 그의 누나, Kate가 말했다. // "너는 빵을 놔뒀어 / 토스터에 / 너무 오래!"
burned it. [4]His sister, Kate, said, // "You left the bread / in the toaster / too long!"

그녀는 시작했다 / 머핀을 만들기를. 그녀는 넣었다 / 머핀 반죽을 / 금속 팬 안에.
[5]She started / to make muffins. [6]She put / the muffin batter / into a metal pan.

그 다음에 그녀는 오븐을 켰다.   그녀는 그것을 조절했다 / 중간 온도로 /   그리고 팬을 넣었다 /

[7]Then she turned on the oven. [8]She set it / to a medium heat / and put the pan /

안으로

inside.

    Kate와 Larry는 머핀을 지켜보았다   / 오븐 안에 있는.   Kate는 말했다. // "오븐 안에서, /

[9]Kate and Larry watched the muffins / in the oven. [10]Kate said, // "In the oven, /

   열이 퍼져 /   머핀 사방에.   그것은 요리할 거야 /   바닥과 옆면도."

the heat goes / all around the muffins. [11]It will cook / the bottoms and the sides, too."

   나중에, /   Larry는 오븐 장갑을 꼈다 /   그리고 팬을 꺼냈다 /   오븐 밖으로.

[12]Later, / Larry put on oven gloves / and took the pan / out of the oven. [13]The

    머핀은 맛있는 냄새가 났다.

muffins smelled delicious.

🌿 우리말 해석

오븐 속의 머핀

[1]Larry는 아침식사로 토스트를 원했습니다. [2]그는 토스터에 빵을 좀 넣었어요. [3]그런데 그는 그것을 태워버렸어요. [4]그의 누나인 Kate는 "네가 토스터에 빵을 너무 오래 놔뒀어!"라고 말했습니다. [5]그녀는 머핀을 만들기 시작했어요. [6]그녀는 머핀 반죽을 금속 팬 안에 넣었어요. [7]그 다음 그녀는 오븐을 켰어요. [8]그녀는 그것을 중간 온도로 조절하고 팬을 안으로 넣었습니다.

[9]Kate와 Larry는 오븐 안에 있는 머핀을 지켜보았어요. [10]Kate는 말했어요, "오븐 안에서, 열은 머핀 사방에 퍼져. [11]그것이 바닥과 옆면도 익힐 거야." [12]나중에, Larry는 오븐 장갑을 끼고 오븐 밖으로 팬을 꺼냈어요. [13]머핀은 맛있는 냄새가 났어요.

🌿 주요 문장 분석하기

[12]Later, Larry <u>put on</u> <u>oven gloves</u> **and** *took* <u>the pan</u> ***out of*** the oven.
            주어   동사1   목적어1   동사2   목적어2

→ 동사 put on과 took이 and로 연결되었다.

→ 「take[took]+목적어+out of」는 '~에서 …을[를] 꺼내다[꺼냈다]'라는 의미이다.

[13]<u>The muffins</u> **smelled** *delicious*.
      주어   동사   보어

→ 「smell[smelled]+형용사」는 '~한 냄새가 나다[났다]'라는 의미이다.

→ delicious는 주어 The muffins를 보충 설명한다.

Tour

01 Niagara Falls

pp.68 ~ 71

p.69 **Check Up**	**1** ④ **2** (a) ○ (b) × (c) × **3** ③ **4** ①
	5 ⓐ: dying ⓑ: poisons
p.70 **Build Up**	**1** (B) **2** (A) **3** (C)
p.70 **Sum Up**	ⓐ **believed** ⓑ **sent** ⓒ **giant** ⓓ **warned** ⓔ **killed**
p.71 **Look Up**	**A 1** village **2** fall into **3** giant
	B 1 die - 죽다 **2** poison - 독을 넣다
	3 appear - 나타나다 **4** find out - 알아내다, 발견하다
	C 1 warned **2** never **3** believe

Check Up

1 영혼이 되어 마을 사람들에게 강에 독을 넣은 뱀에 대해 경고한 족장의 딸에 대한 이야기이므로 알맞은 제목은 ④ 이다.

2 (a) 마을 사람들은 천둥신이 화가 났다고 생각하여, 그를 기쁘게 하기 위해 매년 강으로 여자들을 내려보냈다고 (Some of them believed ~ woman down the river to please the God.) 했으므로 글의 내용과 맞다.

(b) 족장의 딸이 폭포에 빠지면서 천둥신의 아들들을 만났다고(She met the sons of the Thunder God ~.) 했으므로 글의 내용과 틀리다.

(c) 마을 사람들에게 나타나 뱀에 대해 경고한 사람은 족장의 딸이므로(She warned them about the snake.) 글의 내용과 틀리다.

3 거대한 뱀이 매년 강에 독을 넣는다고 알려준 것은 '천둥신의 아들들'이므로 정답은 ③이다. 나머지는 모두 '마을 사람들'을 가리킨다.

4 빈칸 앞에서 족장의 딸이 천둥신의 아들들에게서 거대한 뱀에 대해 들었다고 했고, 그 후 영혼이 되어 마을 사람들에게 경고를 하는 것이므로 빈칸에는 snake(뱀)이 흐름상 알맞다.

① 뱀 ② 폭포 ③ 아들들 ④ 천둥신

5

> 천둥신의 아들들은 "거대한 뱀이 매년 강에 ⓑ 독을 넣고 있기 때문에 마을 사람들이 ⓐ 죽고 있다."라고 대답했다.

Build Up

원인		결과
❶ 매년 많은 마을 사람들이 죽었다. 몇몇 마을 사람들은 천둥신이 화가 났다고 믿었다.	→	(B) 마을 사람들은 신을 기쁘게 하기 위해 매년 아름다운 여자를 강으로 내려보냈다.
❷ 그 딸은 마을 사람들에게 영혼으로 나타나 그들에게 경고했다.	→	(A) 마을 사람들은 뱀을 죽였고 절대로 다시는 여자들을 강으로 내려보내지 않았다.
❸ 큰 뱀이 매년 강에 독을 넣었다.	→	(C) 매년 많은 마을 사람들이 죽었다.

Sum Up

많은 마을 사람들은 천둥신이 화가 났다고 ⓐ 믿었다. 어느 해에, 그들은 족장의 딸을 강으로 ⓑ 내려보냈다. 그 딸은 천둥신의 아들들을 만난 후, 그 ⓒ 거대한 뱀에 대해 알아냈다. 그녀는 영혼으로 나타나서 마을 사람들에게 나타나 그들에게 그것에 대해 ⓓ 경고했다. 마을 사람들은 그 뱀을 ⓔ 죽였고 강으로 여자들을 내려보내는 것을 그만두었다.

🌿 끊어서 읽기

오래 전에, / 한 마을이 있었다 / 나이아가라 강 근처에. 많은 마을 사람들이 죽었다 /
¹Many years ago, / there was a village / near the Niagara River. ²Many villagers died /

매년. 그들 중 몇몇은 믿었다 // 천둥신이 화가 났다고. 매년, /
every year. ³Some of them believed // the Thunder God was angry. ⁴Every year, /

그들은 보냈다 / 아름다운 여자를 / 강 아래로 / 신을 기쁘게 하기 위해.
they sent / a beautiful woman / down the river / to please the God.

몇 년 후, / 그들은 보냈다 / 족장의 딸을. 그녀는 폭포에 빠졌다
⁵After several years, / they sent / the village chief's daughter. ⁶She fell into the falls

/ 강 끝에 있는. 그녀는 만났다 / 천둥신의 아들들을 / 그리고 그들에게 물었다,
/ at the end of the river. ⁷She met / the sons of the Thunder God / and asked them,

// "왜 나의 백성들이 죽어가고 있나요?" 그들은 대답했다. // "거대한 뱀이 강에 독을 넣고 있소
// "Why are my people dying?" ⁸They answered, // "A giant snake poisons the

/ 매년."
river / every year."

그 딸이 알아낸 후에 / 그 독이 있는 강에 대해, // 그녀는 나타났다 /
⁹After the daughter found out / about the poisonous river, // she appeared /

영혼으로 / 마을 사람들에게. 그녀는 그들에게 경고했다 / 그 뱀에 대해.
as a spirit / to the villagers. ¹⁰She warned them / about the snake.

그래서, 그들은 그것을 죽였다 / 그리고 절대 여자들을 보내지 않았다 / 강 아래로 / 다시.

¹¹So, they killed it / and never sent women / down the river / again.

🌿 우리말 해석

나이아가라 폭포

¹오래전에, 나이아가라 강 근처에 한 마을이 있었습니다. ²매년 많은 마을 사람들이 목숨을 잃었어요. ³그들 중 몇몇은 천둥 신이 화가 났다고 믿었지요. ⁴매년, 그들은 신을 기쁘게 하기 위해 아름다운 여자를 강으로 내려보냈습니다.

⁵몇 년 후, 그들은 족장의 딸을 보냈어요. ⁶그녀는 강 끝에 있는 폭포에 빠졌습니다. ⁷그녀는 천둥신의 아들들을 만나 그들에게 물었어요, "왜 나의 백성들이 죽어가고 있나요?" ⁸그들은 "거대한 뱀이 매년 강에 독을 넣고 있소."라고 대답했어요.

⁹그 딸은 그 독이 있는 강에 대해 알아낸 후에, 영혼이 되어 마을 사람들에게 나타났어요. ¹⁰그녀는 그들에게 그 뱀에 대해 경고했어요. ¹¹그래서 그들은 그것을 죽였고, 절대로 다시는 여자들을 강으로 내려보내지 않았답니다.

🌿 주요 문장 분석하기

³Some of them **believed** *(that)* the Thunder God was angry.
　　　　주어　　　　동사　　　　　　　목적어

→ 「believe[believed]+(that)+주어+동사」의 형태로 '~가 …하다는 것을 믿다[믿었다]'라는 의미이다.

→ (that) the Thunder God was angry는 동사 believed의 목적어이다. 이때 that은 생략 가능하다.

⁷She met *the sons* [**of** the Thunder God] **and** asked them, "Why **are** my people **dying**?"
주어1 동사1　　　목적어1　　　　　　　　　동사2 목적어2　　　동사′ 주어′

→ 동사 met과 asked가 and로 연결되었다.

→ of the Thunder God는 the sons를 뒤에서 꾸며준다. 이때 of는 '~의'라는 뜻이다.

→ are dying은 「are[am, is]+동사원형+-ing」의 형태로 '~하고 있다'라는 의미를 가진 현재진행형이다. 현재진행형의 의문문에서는 be동사가 의문사 바로 뒤에, 주어 앞에 온다.

⁹**After** the daughter found out about the poisonous river, she appeared ~.
　　　　　주어′　　　동사′　　　　　　　　　　　　주어 동사

→ After는 '~한 후에'라는 의미로, 문장과 문장을 연결하는 접속사이다.

p. 73 **Check Up**	1 ② 2 (a) ○ (b) × (c) ○ 3 ③ 4 ② 5 ⓐ: travel ⓑ: pain			
p. 74 **Build Up**	ⓐ died	ⓑ open	ⓒ had	ⓓ remember
p. 74 **Sum Up**	ⓐ travel	ⓑ death	ⓒ shocked	ⓓ dark ⓔ museums
p. 75 **Look Up**	A 1 travel	2 pain	3 relax	
	B 1 reason - 이유	2 open - 개방된		
	3 history - 역사	4 remember - 기억하다		
	C 1 famous	2 learn	3 shocked	

Check Up

1 다크 투어리즘의 의미와 대표적인 관광지들을 아우슈비츠와 뉴욕을 예시로 들며 설명하는 내용이므로 정답은 ② 이다.

2 (a) 우리는 다양한 이유로 여행을 한다고 하면서 몇몇 사람들은 역사를 배우기 위해 여행한다고(Others travel to learn history.) 했으므로 글의 내용과 맞다.

(b) 오늘날 폴란드의 아우슈비츠에 있는 강제 노동 수용소는 방문객들에게 개방되어 있다고(Today, the camp is open to visitors.) 했으므로 글의 내용과 틀리다.

(c) 2001년에 있던 테러 공격 이후, 뉴욕에 박물관들이 생겼다고(The city had terrorist attacks in 2001. After that, the city built museums ~.) 했으므로 글의 내용과 맞다.

3 강제 노동 수용소를 방문한 대다수의 사람들은 희생자들의 손톱과 머리털을 보고 충격을 받는다고(Many of them get shocked when they see the nails and hair of the victims.) 했으므로, 방문객들은 그곳에서 여전히 희생자들의 손톱과 머리털을 볼 수 있다는 것을 알 수 있다.

① 사람들은 왜 역사를 배우기 위해 여행하는가?

② 그 강제 노동 수용소는 왜 방문객들에게 개방되었는가?

③ 방문객들은 그 강제 노동 수용소에서 무엇을 볼 수 있는가?

④ 뉴욕의 테러 공격으로 얼마나 많은 사람들이 죽었는가?

4 뉴욕은 테러 공격을 당했던 곳이므로 그곳의 '희생자들'을 기억하기 위해 박물관을 지었다고 해야 흐름상 자연스 럽다.

① 노동 수용소들 ② 희생자들 ③ 방문객들 ④ 관광

5
> 다크 투어리즘은 아우슈비츠와 뉴욕과 같은 '암울한 장소'로의 ⓐ 여행이다. 그곳들은 죽음과 ⓑ 아픔의 장소이다.

Build Up

다크 투어리즘의 대표적인 두 여행지에 대한 정보를 정리해 본다.

```
암울한 장소
```

아우슈비츠	뉴욕
• 그곳은 제2차 세계대전 동안 강제 노동 수용소였다.	• 그곳은 2001년에 테러 공격을 **c** 받았다.
• 유럽 출신의 많은 사람들이 그곳에서 **a** 죽었다.	• 그곳은 희생자들을 **d** 기억하기 위해 박물관들을 지었다.
• 그곳은 지금 방문객들에게 **b** 개방되어 있다.	

Sum Up

다크 투어리즘은 **b** 죽음과 아픔의 장소로의 **a** 여행이다. 제2차 세계대전 동안, 많은 사람들이 폴란드의 아우슈비츠에서 죽었다. 방문객들은 희생자들의 손톱과 머리털을 보고 **c** 충격을 받는다. 많은 사람들은 뉴욕 또한 **d** 암울한 장소라는 것을 알지 못한다. 그 도시는 2001년에 테러 공격을 받았다. 사람들은 **e** 박물관을 방문하여 희생자들을 기억한다.

🖋 끊어서 읽기

우리는 여행을 한다 / 다양한 이유로.　우리 중 몇몇은 여행을 한다 / 휴식을 취하기 위해.　다른 사람들은 여행을 한다
[1]We travel / for different reasons. [2]Some of us travel / to relax. [3]Others travel

/ 역사를 배우기 위해.　다크 투어리즘은 여행이다 / '암울한 장소'로의.　그곳들은 ~이다 /
/ to learn history. [4]Dark tourism is travel / to "dark places." [5]They are /

죽음과 아픔의 장소들.
places of death and pain.

많은 사람들이 아우슈비츠를 방문한다 / 폴란드에 있는.　제2차 세계대전 동안, / 그곳은
[6]Many people visit Auschwitz / in Poland. [7]During World War II, / it was

강제노동수용소였다.　유럽 출신의 많은 사람들이 / 그곳에서 죽었다. 오늘날, / 이 수용소는
a labor camp. [8]Many people from Europe / died there. [9]Today, / the camp

개방되어 있다 / 방문객들에게.　그들 중 대다수는 충격을 받는다 //　그들이 볼 때 / 희생자들의
is open / to visitors. [10]Many of them get shocked // when they see / the nails

손톱과 머리털을.
and hair of the victims.

뉴욕 또한 다크 투어리즘으로 유명하다, //　그러나 많은 사람들이 그것을 알지 못한다.
[11]New York is also famous for dark tourism, // but many people don't know that.

그 도시는 테러 공격을 받았다   / 2001년에.   그 후, / 그 도시는 박물관을 지었다 / 희생자들을

¹²The city had terrorist attacks / in 2001. ¹³After that, / the city built museums / to

기억하기 위해.

remember the victims.

⚜ 우리말 해석

암울한 장소로의 여행

¹우리는 다양한 이유로 여행을 합니다. ²우리 중 몇몇은 휴식을 취하기 위해 여행을 해요. ³다른 사람들은 역사를 배우려고 여행을 합니다. ⁴다크 투어리즘은 '암울한 장소'로의 여행입니다. ⁵그곳들은 죽음과 아픔의 장소이지요. ⁶많은 사람들이 폴란드에 있는 아우슈비츠를 방문합니다. ⁷제2차 세계대전 동안, 그곳은 강제 노동 수용소였어요. ⁸유럽 출신의 많은 사람들이 그곳에서 죽었죠. ⁹오늘날, 이 수용소는 방문객들에게 개방되어 있어요. ¹⁰방문객들 중 대다수는 희생자들의 손톱과 머리털을 볼 때 충격을 받기도 합니다. ¹¹뉴욕 또한 다크 투어리즘으로 유명한데, 많은 사람들이 그것을 알지 못합니다. ¹²그 도시는 2001년에 테러 공격을 받았어요. ¹³그 후, 그 도시는 희생자들을 기억하기 위해 박물관들을 지었습니다.

⚜ 주요 문장 분석하기

²**Some of** us travel to relax.
    주어   동사

→ 「some of+(대)명사」는 '~ 중의 몇몇[일부]'이라는 의미이다.

→ to relax는 '휴식을 취하기 위해'라고 해석한다.

⁴Dark tourism is *travel* [to "dark places."]
    주어   동사   보어

→ to "dark places"는 travel을 뒤에서 꾸며준다.

→ travel to "dark places"는 주어 Dark tourism을 보충 설명한다.

⁸*Many people* [from Europe] died there.
    주어   동사

→ from Europe은 Many people을 뒤에서 꾸며준다.

¹⁰**Many of** them *get* shocked when they see *the nails and hair* [of the victims].
    주어   동사   보어   주어′ 동사′   목적어′

→ 「many of+복수명사」는 '~ 중 대다수'라는 의미이다.

→ 「get+형용사」는 '(어떤 상태가) 되다'라는 의미이다.

→ of the victims는 the nails and hair를 뒤에서 꾸며준다.

¹³After that, the city built museums **to remember** the victims.
          주어   동사   목적어

→ to remember는 '기억하기 위해'라고 해석하며, 목적을 나타낸다.

p. 77 **Check Up**	1 ③ 2 ④ 3 ② 4 ② 5 ⓐ: trip ⓑ: beach
p. 78 **Build Up**	1 (D) 2 (A) 3 (B) 4 (C)
p. 78 **Sum Up**	ⓐ December ⓑ visited ⓒ shopping ⓓ seafood ⓔ get to
p. 79 **Look Up**	A 1 sunset 2 go shopping 3 barbecue B 1 location - 위치 2 get to - ~에 도착하다 3 go on - ~하러 가다 4 last - 마지막의; 지난 C 1 stay 2 instead 3 close

Check Up

1 글쓴이의 가족이 괌으로 여행을 가서 여러 관광지를 방문하고, 다양한 음식을 먹고, 해변에서 즐기고 온 내용을 정리한 글이므로 정답은 ③이다.

2 글쓴이는 해변에서 오빠와 함께 수영했다고 했고, 해변에서 휴식을 취한 것은 글쓴이의 부모님이므로(My parents relaxed on the beach. My brother and I swam instead.) 정답은 ④이다.

3 여행 기간은 12월 20일부터 26일까지이고, 마지막 날에는 쇼핑하러 가서 선물을 샀다고 했다. 여행의 가장 좋았던 부분은 호텔에서 해변으로 쉽게 갈 수 있었던 것이라고 했지만, 머물렀던 호텔의 이름에 대한 내용은 글에 없다.

4 빈칸 뒤에 이어지는 내용은 여러 식당을 방문했고, 다양한 음식을 먹었다는 것이므로 빈칸에는 ate(먹었다)가 오는 것이 가장 알맞다.
① 보았다 ② 먹었다 ③ 만들었다 ④ 샀다

5
> 우리 가족은 괌으로 ⓐ 가족 여행하러 갔다. 여행의 가장 좋았던 부분은 우리 호텔에서 ⓑ 해변으로 쉽게 갈 수 있었던 것이었다.

Build Up

❶ – (D) 우리는 그곳에서 많은 바다 동물들을 보았다.

❷ – (A) 우리는 친구들을 위해 많은 선물들을 샀다.

❸ – (B) 우리는 수영했고 일몰을 보았다.

❹ – (C) 우리는 돌고래들을 바로 가까이에서 보았다.

Sum Up

괌으로의 가족 여행	
날짜	ⓐ 12월 20일부터 26일까지
우리가 한 일	• Two Lovers Point와 UnderWater World를 ⓑ 방문했다. • 돌고래 유람선 여행을 하러 갔다. • 친구들에게 줄 선물을 사기 위해 ⓒ 쇼핑하러 갔다.
우리가 먹은 것	• 바비큐와 많은 ⓓ 해산물을 먹었다. • 햄버거와 스테이크를 먹어 보았다.
여행의 가장 좋았던 부분	우리는 호텔에서 해변까지 쉽게 ⓔ 갈 수 있었다.

끊어서 읽기

날짜: 12월 20일부터 26일까지
¹**Dates**: December 20th to 26th

위치: 괌
²**Location**: Guam

누구: 우리 부모님, 내 오빠, 그리고 나
³**Who**: My parents, my brother, and I

우리가 한 일:
⁴**What we did:**

우리는 묵었다 /   아름다운 호텔에.   먼저, / 우리는 Two Lovers Point를 방문했다. 그 다음에 우리는
⁵We stayed / at a beautiful hotel. ⁶First, / we visited Two Lovers Point. ⁷Then we

UnderWater World에 갔다.   우리는 많은 바다 동물들을 보았다 / 그곳에서. 우리는 또한 ~하러 갔다
went to UnderWater World. ⁸We saw many sea animals / there. ⁹We also went

/ 돌고래 유람선 여행을.   우리는 돌고래들을 보았다 / 바로 가까이에서!   마지막 날에, / 우리는
on / a dolphin cruise. ¹⁰We saw dolphins / up close! ¹¹On the last day, / we went

쇼핑하러 갔다.   우리는 많은 선물들을 샀다   / 우리의 친구들을 위해!
shopping. ¹²We bought many gifts / for our friends!

우리가 먹은 것:
¹³**What we ate:**

우리는 많은 식당들을 방문했다.   우리는 먹었다 /   바비큐와 많은 해산물을.   우리는
¹⁴We visited many restaurants. ¹⁵We had / barbecue and a lot of seafood. ¹⁶We

또한 먹어 보았다 /   햄버거와 스테이크를.
also tried / hamburgers and steak.

여행의 가장 좋은 부분:
¹⁷**The best part of the trip**:

우리는 해변에 쉽게 갈 수 있었다 / 우리의 호텔에서. 우리 부모님은 휴식을 취하셨다 /

¹⁸We could easily get to the beach / from our hotel. ¹⁹My parents relaxed / on

해변에서. 내 오빠와 나는 수영했다 / 대신에. 우리는 일몰을 보았다. 그것은

the beach. ²⁰My brother and I swam / instead. ²¹We watched the sunset. ²²It was

아름다웠다.

beautiful.

🌿 우리말 해석

괌으로 떠나는 가족 여행

¹날짜: 12월 20일부터 26일까지

²위치: 괌

³누구: 우리 부모님, 내 오빠, 그리고 나

⁴우리가 한 일:

⁵우리는 아름다운 호텔에 묵었습니다. ⁶먼저, 우리는 Two Lovers Point를 방문했습니다. ⁷그 다음에 우리는 UnderWater World에 갔습니다. ⁸우리는 거기에서 많은 바다 동물들을 보았어요. ⁹우리는 또한 돌고래 유람선 여행을 하러 갔습니다. ¹⁰우리는 돌고래들을 바로 가까이에서 보았어요! ¹¹마지막 날에, 우리는 쇼핑하러 갔습니다. ¹²우리는 친구들을 위해 많은 선물들을 샀어요!

¹³우리가 먹은 것:

¹⁴우리는 많은 식당을 방문했어요. ¹⁵우리는 바비큐와 많은 해산물을 먹었습니다. ¹⁶우리는 또한 햄버거와 스테이크를 먹어 보았어요.

¹⁷여행의 가장 좋았던 부분:

¹⁸우리는 호텔에서 해변에 쉽게 갈 수 있었어요. ¹⁹우리 부모님은 해변에서 휴식을 취하셨습니다. ²⁰내 오빠와 나는 대신 수영했어요. ²¹우리는 일몰을 보았습니다. ²²그것은 아름다웠어요.

🌿 주요 문장 분석하기

⁵We stayed **at** a beautiful hotel.
  주어   동사
→ at은 장소를 나타내는 말 앞에 쓰는 전치사이다.

¹¹On the last day, *we **went** shopping*.
→ 날짜, 요일, 특정한 날을 나타낼 때 –간을 나타내는 전치사 on을 사용한다.
→ 「go[went]+동사원형+-ing」의 형태로 '~하러 가다[갔다]'라는 의미이다.

¹⁸We **could** *easily* **get to** the beach from our hotel.
  주어   동사   목적어
→ 「could+동사원형」은 '~할 수 있었다'의 뜻으로, could는 can의 과거형이다.

04 The Sea of Stars

| p. 81 Check Up | 1 ③ | 2 ④ | 3 ③ | 4 ② | 5 ⓐ: glows ⓑ: right |

| p. 82 Build Up | 1 (C) | 2 (A) | 3 (B) |

p. 82 **Sum Up** ⓐ wonderful ⓑ glows ⓒ when ⓓ conditions ⓔ change

p. 83 **Look Up**

A	1 glow	2 full of	3 tourist
B	1 right - 알맞은	2 special - 특별한	
	3 light - 빛	4 for sure - 확실히, 틀림없이	
C	1 light up	2 hopes	3 wonderful

Check Up

1 몰디브의 바드후 섬에 있는 별처럼 빛나는 바다에 대해 소개하는 글이므로 정답은 ③이다.

2 관광객들은 별의 바다를 보러 바드후 섬을 방문하지만, 아무도 그것을 볼 수 있는 시간이나 장소를 알 수 없다고 (Many tourists visit Vaadhoo Island to see the Sea of Stars, but no one can tell when or where.) 했으므로 글의 내용과 틀린 것은 ④이다.

3 바드후 섬의 바다가 빛나는 이유는 플랑크톤의 한 종류가 스트레스를 받으면 빛을 만들기 때문이다(One type of plankton makes light when it is stressed.).

4 빈칸 앞에서는 별의 바다를 볼 수 있는 시간이나 장소를 아무도 알지 못하며, 알맞은 환경에서만 플랑크톤이 빛이 난다고 했으므로, 빈칸을 포함한 문장에서는 이를 보충 설명하는 내용이 이어져야 한다. 따라서 빈칸에는 time(시간)이 흐름상 가장 자연스럽다.
① 이름 ② 시간 ③ 색깔 ④ 빛

5
> 바드후 섬에서, 별의 바다는 어둠 속에서 ⓐ 빛나지만, 그것은 ⓑ 알맞은 환경에서만 일어난다.

Build Up

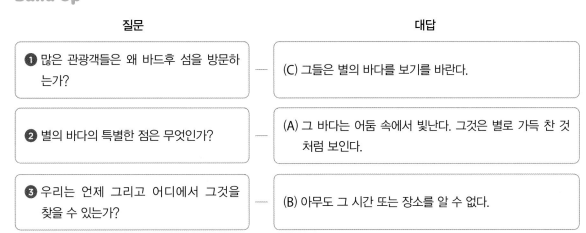

질문		대답
❶ 많은 관광객들은 왜 바드후 섬을 방문하는가?	—	(C) 그들은 별의 바다를 보기를 바란다.
❷ 별의 바다의 특별한 점은 무엇인가?	—	(A) 그 바다는 어둠 속에서 빛난다. 그것은 별로 가득 찬 것처럼 보인다.
❸ 우리는 언제 그리고 어디에서 그것을 찾을 수 있는가?	—	(B) 아무도 그 시간 또는 장소를 알 수 없다.

Sum Up

세상은 자연 그대로의 ⓐ 멋진 장소들로 가득 차 있다. 이러한 장소들 중 하나는 바드후 섬에 있는 별의 바다이다. 그곳은 플랑크톤의 한 종류가 빛을 만들어 내기 때문에 어둠 속에서 ⓑ 빛난다. 많은 관광객들은 그 바다를 보기 위해 그 섬을 방문하지만, 아무도 ⓒ 언제 또는 어디인지 알지 못한다. 그 플랑크톤은 알맞은 ⓓ 환경에서만 빛이 나기 때문에, 시간과 장소는 자주 ⓔ 바뀐다.

🌿 끊어서 읽기

세상은 가득 차 있다 / 자연 그대로의 멋진 장소들로. 몰디브에 있는 바드후 섬은 ~이다 /
¹The world is full of / wild and wonderful places. ²Vaadhoo Island in Maldives is /

이러한 장소들 중 하나. 관광객들은 그곳에 방문한다 / 그리고 바란다 / 별의 바다를 보기를.
one of these places. ³Tourists visit there / and hope / to see the Sea of Stars.

무엇이 특별한가 / 그곳에 대해? 그곳은 빛난다 / 어둠 속에서! 수백만 마리의 플랑크톤이 /
⁴What's special / about the place? ⁵It glows / in the dark! ⁶Millions of plankton /

바다에 산다. 플랑크톤의 한 종류는 / 빛을 만든다 // 그것이 스트레스를 받을 때. 그러면
live in the sea. ⁷One type of plankton / makes light // when it is stressed. ⁸Then

바다는 보인다 // 별들로 가득 찬 것처럼.
the sea looks // like it's full of stars.

많은 관광객들이 바드후 섬을 방문한다 / 별의 바다를 보기 위해. // 하지만 아무도 알 수 없다
⁹Many tourists visit Vaadhoo Island / to see the Sea of Stars, // but no one can tell

/ 언제 또는 어디인지. 그 플랑크톤은 빛이 난다 / 알맞은 환경에서만. 시간과
/ when or where. ¹⁰The plankton light up / only in the right conditions. ¹¹The

장소는 자주 바뀐다 확실한 것은 아무것도 없다. 그것이 자연이다!
time and location change often. ¹²Nothing is for sure. ¹³That's nature!

🌿 우리말 해석

The Sea of Stars(별의 바다)

¹세상은 자연 그대로의 멋진 장소들로 가득 차 있어요. ²몰디브의 바드후 섬은 이러한 장소들 중 하나입니다. ³관광객들은 그곳에 방문하여 별의 바다를 보길 바라죠.

⁴그곳의 특별한 점은 무엇일까요? ⁵그곳은 어둠 속에서 빛납니다! ⁶수백만 마리의 플랑크톤이 바다에 살아요. ⁷플랑크톤의 한 종류는 스트레스를 받을 때 빛을 만들어 냅니다. ⁸그러면 바다는 별들로 가득 찬 것처럼 보여요.

⁹많은 관광객이 별의 바다를 보기 위해 바드후 섬을 방문하지만, 아무도 언제 또는 어디인지 알 수 없습니다. ¹⁰그 플랑크톤은 알맞은 환경에서만 빛이 나요. ¹¹시간과 장소는 자주 바뀝니다. ¹²확실한 것은 아무것도 없어요. ¹³그것이 자연이죠!

²*Vaadhoo Island* [in Maldives] is **one of these places**.
　　　　주어　　　　　　　　　동사　　　　보어

→ in Maldives가 Vaadhoo Island를 뒤에서 꾸며준다.

→ 「one of+복수명사」는 '~ 중 하나'라는 의미이다.

³Tourists visit there **and** hope **to see** the Sea of Stars.
　주어　동사1　　　　　동사2　　　　목적어2

→ 동사 visit와 hope가 and로 연결되어 있다.

→ to see는 '보는 것'으로 해석하며, to see 이하는 hope의 목적어이다.

⁷*One type* [of plankton] makes light **when** it is stressed.
　　주어　　　　　　　　동사　목적어　　　주어'동사'　보어'

→ of plankton이 One type을 뒤에서 꾸며준다. 진짜 주어는 One type으로 단수이기 때문에 단수동사 makes가 온다.

→ when은 '~할 때'라는 의미로, 문장과 문장을 연결하는 시간을 나타내는 접속사이다.

⁸Then the sea looks **like** it's full of stars.
　　　주어　　동사　　　　　보어

→ 「like+주어+동사」의 형태로 '~가 …하는 것처럼'이라는 의미이다.

→ like it's full of stars는 주어 the sea를 보충 설명한다.

⁹Many tourists visit Vaadhoo Island **to see** the Sea of Stars, **but no one** can tell when or where.
　주어1　　동사1　　목적어1　　　　　　　　　　　　　　주어2　동사2　　목적어2

→ but은 '하지만, 그러나'의 의미로, 반대되는 의미의 문장을 연결하는 접속사이다.

→ to see는 '보기 위해서'로 해석하며, 목적을 나타낸다.

→ no one은 '아무도 ~ 않다'라는 의미이며, 문장 전체를 부정한다.

CHAPTER 5 Unique

01 Two Becomes One
pp.86 ~ 89

p. 87 **Check Up**	1 ②	2 ②	3 ③	4 ④	5 ⓐ: mix ⓑ: unique	
p. 88 **Build Up**	ⓐ four	ⓑ part	ⓒ points	ⓓ round	ⓔ popular	
p. 88 **Sum Up**	ⓐ mix	ⓑ thinking	ⓒ same	ⓓ box		
p. 89 **Look Up**	A 1 mix	2 hit	3 player			
	B 1 another - 또 하나의	2 round - (경기의) 회, 라운드				
	3 unique - 독특한, 특이한	4 at the same time - 동시에				
	C 1 part	2 create	3 points			

Check Up

1 두 개의 다른 스포츠를 섞어 만들어진 보사볼과 체스복싱을 예시로 들어 독특한 스포츠를 설명하는 내용이므로 정답은 ②이다.

2 보사볼은 배구를 트램펄린 위에서 하는 것이므로(It's similar to volleyball, but you play it with trampolines.) 정답은 ②이다.

3 체스복싱은 경기 한 회씩 번갈아가며 체스를 두고 권투를 한다고(Players play chess in one round and box in the next.) 했지만, 권투를 5회 이상 이겨야 한다는 내용은 없으므로 정답은 ③이다.

4 빈칸 뒤에서 체스복싱은 체스와 권투를 한 회씩 번갈아가며 한다고 했고, 체스는 생각하는 스포츠이므로 빈칸에는 권투를 설명하는 단어인 '싸우는(fighting)'이 들어가야 알맞다. 따라서 정답은 ④이다.
① 보내는 ② 섞는 ③ 뛰는 ④ 싸우는

5
> 사람들은 때때로 두 개의 다른 스포츠를 ⓐ 섞어서 새로운 것을 만들어 낸다. 보사볼과 체스복싱은 ⓑ 독특한 스포츠이다.

Build Up

독특한 스포츠

배구 + 트램펄린 = 보사볼	체스 + 권투 = 체스복싱
• 각 팀에는 ⓐ 네 명의 선수들이 있다. • 선수들은 자신의 몸 어떤 ⓑ 부분으로든 공을 칠 수 있다. • 그들은 ⓒ 점수를 얻기 위해 반대편으로 공을 보낸다.	• 선수들은 경기 ⓓ 한 회에서 체스를 두고 그 다음 회에서 권투를 한다. • 그것은 독일, 영국, 인도, 그리고 러시아에서 ⓔ 인기가 있다.

Sum Up

사람들은 때때로 두 개의 다른 스포츠를 ⓐ <u>섞어서</u> 독특한 것을 만들어 낸다. 보사볼과 체스복싱이 좋은 예시들이다. 보사볼에서는 선수들이 트램펄린 위에서 배구를 한다. 체스복싱에서는, 선수들이 ⓑ <u>생각하는</u> 스포츠와 싸우는 스포츠를 ⓒ <u>동시에</u> 할 수 있다. 그들은 경기 한 회에서 체스를 두고 그 다음 회에서 ⓓ <u>권투를</u> 한다.

✎ 끊어서 읽기

사람들은 때때로 섞는다 / 두 개의 다른 스포츠를 / 그리고 새로운 것을 만들어 낸다. 하나는
¹People sometimes mix / two different sports / and create a new one. ²One is

보사볼이다. 그것은 배구와 비슷하다, // 하지만 당신은 그것을 한다 / 트램펄린을 가지고. 각
bossaball. ³It's similar to volleyball, // but you play it / with trampolines. ⁴Each

팀은 가지고 있다 / 네 명의 선수들을. 그들은 공을 칠 수 있다 / 그들의 몸의 어느 부분으로든
team has / four players. ⁵They can hit the ball / with any part of their bodies

/ 다섯 번째까지. 그러고 나서 그들은 공을 보낸다 / 반대편으로 / 점수를 (얻기) 위해.
/ up to five times. ⁶Then they send the ball / to the other side / for points.

또 하나의 독특한 스포츠는 체스복싱이다. 당신은 할 수 있다 / 생각하는 스포츠와
⁷Another unique sport is chessboxing. ⁸You can play / a thinking sport and a

싸우는 스포츠를 / 동시에. 경기 11회가 있다 / 총. 선수들은
fighting sport / at the same time. ⁹There are eleven rounds / in total. ¹⁰Players

체스를 둔다 / 한 회에서 / 그 다음 회에서 권투를 한다. 체스복싱은 인기가 있다
play chess / in one round / and box in the next. ¹¹Chessboxing is popular

/ 독일, 영국, 인도, 그리고 러시아에서.
/ in Germany, the U.K., India, and Russia.

✎ 우리말 해석

둘이 하나가 돼요

¹사람들은 때때로 두 개의 다른 스포츠를 섞어서 새로운 것을 만들어 냅니다. ²하나는 보사볼입니다. ³그것은 배구와 비슷하지만, 트램펄린을 가지고 해요. ⁴각 팀에는 네 명의 선수가 있습니다. ⁵그들은 다섯 번째까지 몸의 어느 부분으로든 공을 칠 수 있습니다. ⁶그러고 나서 그들은 점수를 얻기 위해 공을 상대편으로 보내요.

⁷또 하나의 독특한 스포츠는 체스복싱입니다. ⁸여러분은 생각하는 스포츠와 싸우는 스포츠를 동시에 할 수 있어요. ⁹총 경기 11회가 있습니다. ¹⁰선수들은 경기 한 회에서 체스를 두고 다음 회에서는 권투를 해요. ¹¹체스복싱은 독일과 영국, 인도, 러시아에서 인기가 있습니다.

[1]People **sometimes** mix two different sports **and** create a new **one**.
<u>주어</u> <u>동사1</u> <u>목적어1</u> <u>동사2</u> <u>목적어2</u>

→ sometimes는 '때때로, 가끔'이라는 의미로 빈도를 나타내는 부사이며, 문장 안에서는 주로 be동사 뒤, 일반동사 앞에 온다.

→ 동사 mix와 create는 and로 연결되었다.

→ one은 앞에 나온 명사의 반복을 피하기 위해 쓰였으며, sport를 가리킨다.

[4]**Each** team **has** four players.
<u>주어</u> <u>동사</u> <u>목적어</u>

→ 「each+단수명사」의 형태로 된 주어가 단수이므로, 이에 맞게 단수동사 has가 온다.

[9]**There are** eleven rounds in total.

→ 「There are+복수명사」는 '~가 있다'라고 해석한다.

---

02 A Colorful Festival
pp.90 ~ 93

p. 91 **Check Up**	1 ②	2 ②	3 ③	4 ②	5 ⓐ: rub ⓑ: faces
p. 92 **Build Up**	ⓐ streets	ⓑ bodies	ⓒ balloons	ⓓ paints	ⓔ sing
p. 92 **Sum Up**	ⓐ exciting	ⓑ threw	ⓒ danced	ⓓ full	
p. 93 **Look Up**	A 1 festival	2 paint	3 shout		
	B 1 already - 이미	2 shoot - (총을) 쏘다			
	3 street - 거리, 도로	4 rub - 문지르다			
	C 1 wait for	2 exciting	3 fun		

Check Up

1 Holi 축제 때 사람들이 거리로 나가서 무엇을 하면서 축제를 즐기는지를 설명하는 내용이므로 정답은 ②이다.

2 글쓴이 '내'가 여동생과 밖으로 나갔을 때, 이미 친구들은 모여 있었다고(When we went out, our friends were already gathered.) 했으므로 글의 내용과 틀린 것은 ②이다.

3 색가루나 물감으로 얼굴과 몸을 문지르고, 물감으로 가득 찬 풍선과 물총을 던지고 쏜다고 했지만 밀가루에 대한 내용은 없다.

4 빈칸 뒤 문장에서 그들은 이 축제를 위해 전 세계 곳곳에서 왔다고(They came from all over the world for this festival.) 했으므로 빈칸에는 '관광객들'이 가장 알맞다.

① 아이들 ② 관광객들 ③ 화가들 ④ 무용수들

5 Holi 때, 사람들은 색가루나 물감을 서로의 ⓑ 얼굴과 몸에 ⓐ 문지른다.

Build Up

Holi 때, 사람들은
- ⓐ 거리로 나간다.
- 색가루나 물감을 서로의 얼굴과 ⓑ 몸에 문지른다.
- 서로에게 ⓒ 풍선들을 던진다.
- ⓓ 물감으로 가득 찬 물총을 쏜다.
- 함께 춤추고 ⓔ 노래한다.

Sum Up

내 여동생과 나는 Hoil가 가장 ⓐ 신나는 축제이기 때문에 그것을 기다렸다. 우리는 밖으로 나가서 친구들과 같이 서로에게 풍선을 ⓑ 던졌다. 거리에 있는 모두가 함께 ⓒ 춤추고 노래했다. 거리는 전 세계에서 온 관광객들로 ⓓ 가득했다.

⚘ 끊어서 읽기

오늘은 Holi였다.　　　　　내 여동생과 나는 이 날을 기다렸다　// 왜냐하면 그것은 가장 신나는 축제이기
[1]Today was Holi. [2]My sister and I waited for this day // because it is the most

때문이다!　　　Holi에, /　　　사람들은 거리로 나간다　　/ 그리고 문지른다 /
exciting festival! [3]On Holi, / people go out into the streets / and rub / colored

색가루 또는 물감을　/　　　서로의 얼굴과 몸에.　　　　아침에,　　/ 내 여동생과
powders or paints / on each other's faces and bodies. [4]In the morning, / my sister

나는 준비를 했다　/ 그리고 밖으로 나갔다.
and I got ready / and went outside.

우리가 나갔을 때,　//　　우리의 친구들은 이미 모여 있었다.　　　우리는 풍선을 던졌다 / 그리고
[5]When we went out, // our friends were already gathered. [6]We threw balloons / and

물총을 쏘았다 / 서로에게. 그 풍선들과 물총들은 / 물감으로 가득 차 있었다.

shot water guns / at each other. ⁷The balloons and water guns / were filled with

모두가 외치고 있었다 // "Holi! Holi!" 우리는 춤을 추고 노래했다 / 사람들과 함께.

paints. ⁸Everyone was shouting // "Holi! Holi!" ⁹We danced and sang / with the

거리는 관광객들로 가득했다. 그들은 전 세계 곳곳에서 왔다 /

people. ¹⁰The streets were full of tourists. ¹¹They came from all over the world /

이 축제를 위해. Holi는 너무 재미있었어요!

for this festival. ¹²Holi was so fun!

🌿 우리말 해석

다채로운 축제

¹오늘은 Holi였습니다. ²가장 신나는 축제이기 때문에, 내 여동생과 나는 이 날을 기다렸어요! ³Holi에 사람들은 거리로 나가서 색가루나 물감을 서로의 얼굴과 몸에 문질러요. ⁴아침에, 내 여동생과 나는 준비를 하고 밖으로 나갔지요. ⁵우리가 나갔을 때, 친구들은 이미 모여 있었어요. ⁶우리는 서로에게 풍선을 던지고 물총을 쏘았어요. ⁷그 풍선들과 물총은 물감으로 가득 차 있었지요. ⁸모두가 "Holi! Holi!"라고 외치고 있었어요. ⁹우리는 사람들과 함께 춤추고 노래했어요. ¹⁰거리는 관광객들로 가득했습니다. ¹¹그들은 이 축제를 위해 전 세계 곳곳에서 왔어요. ¹²Holi는 너무 재미있었어요!

🌿 주요 문장 분석하기

²**My sister and I** waited for this day **because** it is *the most exciting* festival!
　　　주어　　　　 동사　　　　　　　　　　 주어´ 동사´　　　　 보어´

→ because는 '왜냐하면'이라는 의미로, 이유를 나타내는 문장을 연결해주는 접속사이다.

→ the most exciting은 형용사 exciting의 최상급 표현으로 '가장 신나는'이라 해석한다.

⁸**Everyone** *was shouting* "Holi! Holi!"
　　주어　　　 동사　　　　 목적어

→ Everyone은 단수이므로 단수동사 was가 쓰였다.

→ was shouting은 「was[were]+동사원형+-ing」의 형태로 '~하고 있었다'라는 의미인 과거진행형이다.

p. 95 **Check Up**	1 ④ 2 (a) × (b) × (c) ○ 3 ③ 4 ⓐ: adventure ⓑ: glass
p. 96 **Build Up**	1 (A), (E), (F) 2 (B), (C), (D)
p. 96 **Sum Up**	ⓐ part ⓑ glass ⓒ enjoy ⓓ visit ⓔ outside
p. 97 **Look Up**	A 1 view 2 dangerous 3 climb B 1 wildlife - 야생동물 2 experience - 경험; 경험하다 3 have to - ~해야 한다 4 try - 시도하다 C 1 adventure 2 enjoys 3 like

Check Up

1 호텔이 모험의 일부가 될 수 있다는 내용에 이어서 예시로 이글루 호텔과 나무집 호텔에 대해 설명하는 내용이므로 정답은 ④이다.

2 (a) 핀란드에 있는 이글루는 유리로 만들어졌다고(But the ones in Finland are made of glass.) 했으므로 글의 내용과 틀리다.

(b) 야생동물을 볼 수 있는 곳은 페루의 나무집 호텔이므로(Do you want to experience wildlife? Try a tree house in Peru.) 글의 내용과 틀리다.

(c) 페루의 나무집 호텔에서는 나무 위로 올라가야 한다고(But you have to climb 10 to 20 meters to the tree houses.) 했으므로 엘리베이터가 없음을 알 수 있다.

3 페루의 나무집 호텔에서는 창문 대신에 커튼이 있다고(Each tree house has curtains instead of windows.) 했으므로, 창문이 없다는 것을 알 수 있다.

4 당신은 당신의 호텔에서 ⓐ 모험을 할 수 있다. 핀란드에 있는 ⓑ 유리 이글루나 페루에 있는 나무집을 시도할 수 있다[가 볼 수 있다].

Build Up

핀란드의 이글루 호텔과 페루의 나무집 호텔에 대한 상세한 정보들을 정리해 본다.

❶ 핀란드에 있는 이글루

(A) 그것은 유리로 만들어졌다.

(E) 당신은 오로라의 멋진 경관을 즐길 수 있다.

(F) 그것은 눈으로 만든 집처럼 보인다.

(B) 그것은 창문 대신에 커튼이 있다.

(C) 다람쥐원숭이가 종종 이 장소를 방문한다.

(D) 당신은 그 집까지 10미터에서 20미터를 올라가야 한다.

Sum Up

당신의 호텔은 당신의 모험의 **ⓐ** 일부가 될 수 있다. 핀란드에서, 당신은 이글루 안에서 잘 수 있다. 그 이글루는 **ⓑ** 유리로 만들어졌다. 그래서 당신은 하늘의 멋진 경관을 **ⓒ** 즐길 수 있다. 페루에서, 당신은 나무집에서 머물 수 있다. 동물들은 종종 그 나무집을 **ⓓ** 방문한다. 커튼은 **ⓔ** 외부로부터 당신을 안전하게 해준다.

끊어서 읽기

모험은 ~이다 / 신나거나 위험한 경험. 당신의 호텔은 일부가 될 수 있다 /
¹An adventure is / an exciting or dangerous experience. ²Your hotel can be a part /

당신의 모험. 당신은 잘 수 있다 / 이글루에서 / 하늘 아래 있는 / 또는 열대 우림에 있는
of your adventure. ³You can sleep / in an igloo / under the sky / or in a rainforest

나무집에서.
tree house.

핀란드에서, / 당신은 머물 수 있다 / 이글루에서. 이글루는 눈(으로 만든) 집이다. 하지만
⁴In Finland, / you can stay / in igloos. ⁵An igloo is a snow house. ⁶But the

핀란드에 있는 것들은 / 유리로 만들어져 있다. 당신은 멋진 경관을 즐길 것이다 / 오로라의.
ones in Finland / are made of glass. ⁷You'll enjoy a great view / of the northern

lights.

당신은 원하는가 / 야생동물을 경험하는 것을? 나무집에 가봐라 / 페루에 있는. 다람쥐원숭이와
⁸Do you want / to experience wildlife? ⁹Try a tree house / in Peru. ¹⁰Animals like

같은 동물들은 / 종종 그 집을 방문한다. 그러나 당신은 올라가야 한다 / 10미터에서
squirrel monkeys / often visit the house. ¹¹But you have to climb / 10 to

20미터를 / 나무 집까지. 각각의 나무집은 커튼이 있다 / 창문 대신에.
20 meters / to the tree houses. ¹²Each tree house has curtains / instead of

그것이 당신을 안전하게 유지한다 / 외부로부터.
windows. ¹³They keep you safe / from the outside.

자연 그대로의 장소

[1]모험은 신나거나 위험한 경험입니다. [2]여러분들의 호텔이 모험의 일부가 될 수도 있습니다. [3]여러분은 하늘 아래 있는 이글루나 열대 우림에 있는 나무집에서 잘 수 있답니다.

[4]핀란드에서, 여러분은 이글루에 머물 수 있습니다. [5]이글루는 눈으로 만든 집입니다. [6]하지만 핀란드에 있는 것들은 유리로 만들어져 있어요. [7]오로라의 멋진 경관을 즐기게 될 것입니다.

[8]야생동물을 경험하고 싶나요? [9]페루에 있는 나무집에 가 보세요. [10]다람쥐원숭이와 같은 동물들이 종종 그 집을 찾아간답니다. [11]하지만 여러분은 나무 집까지 10미터에서 20미터를 올라가야 합니다. [12]각각의 나무집은 창문 대신에 커튼이 있습니다. [13]그것이 외부로부터 여러분을 안전하게 해줍니다.

¾ 주요 문장 분석하기

[2]Your hotel **can** be *a part* [of your adventure].
　　　주어　　　동사　　　　보어

→ 조동사 can은 '~할 수 있다'의 의미로 가능성을 나타내며, 뒤에 동사원형이 온다.

→ of your adventure는 a part를 뒤에서 꾸며준다.

[3]You can sleep **in** *an igloo* [under the sky] *or* **in** a rainforest tree house.
　주어　　동사

→ in은 '~ 안에'라는 뜻의 전치사이며, 두 개의 장소가 or로 연결되어 있다.

→ under the sky는 an igloo를 뒤에서 꾸며준다.

[11]But you **have to climb** 10 to 20 meters to the tree houses.
　　　주어　　　동사

→ 「have to+동사원형」은 '~해야 한다'라는 의미이며, 의무를 나타낸다.

[12]**Each** tree house *has* curtains instead of windows.
　　　　　주어　　　동사　목적어

→ 「each+단수명사」는 '각각의 ~'라는 의미이며, 뒤에 단수동사 has가 쓰였다.

[13]They **keep** you safe from the outside.
　주어　동사　목적어　　　보어

→ 「keep+목적어+형용사」는 '~을 …하게 유지하다'라는 의미이다.

→ safe from the outside는 목적어 you를 보충 설명한다.

p. 99 **Check Up**	1 ② 2 ③ 3 ③ 4 ③ 5 ⓐ: **plant** ⓑ: **wool**
p. 100 **Build Up**	1 **(C)** 2 **(A)** 3 **(D)** 4 **(B)**
p. 100 **Sum Up**	**4 → 1 → 2 → 3**
p. 101 **Look Up**	A 1 **wool** 2 **blanket** 3 **ray** B 1 **first** - 맨 먼저 2 **reflect** - 반사하다 3 **do** - 하다 4 **protection** - 보호 C 1 **usually** 2 **stopped** 3 **wool**

Check Up

1 글이 'Dear Diary'로 시작하였으며, 하루에 있었던 일과 자신의 생각에 대해 설명하는 내용이므로 정답은 ②이다.

2 vegetable sheep은 보통 높은 산에서 산다고(Vegetable sheep usually live in high mountains.) 했으며, 겨울에는 그 잎이 담요처럼 눈으로부터 보호하는 역할을 한다고(In winter, their leaves work as protection from snow, like a blanket.) 했다. 여름에는 그것의 회색 잎이 태양 광선을 반사한다고(In summer, their gray leaves reflect the sun's rays.) 했지만 잎이 초록색이 되는 것은 아니므로 정답은 ③이다.

3 밑줄 친 ⓒ를 포함한 문장은 'vegetable sheep은 그들만의 방식으로 그것을 한다'는 의미이며, 밑줄 친 ⓒ는 앞 문장의 Surviving in high mountains를 가리킨다. 나머지는 모두 vegetable sheep을 가리킨다.

4 글쓴이가 간 곳은 식물원이고, 빈칸 뒷 문장에서 그곳에 양이 있었다는 내용으로 보아, 빈칸에 들어갈 말은 '놀란'이 가장 자연스럽다.
① 외로운 ② 걱정하는 ③ 놀란 ④ 이상한

5

vegetable sheep은 ⓐ 식물이지만, 그것의 잎들은 ⓑ 양털처럼 보인다.

Build Up

질문	대답
❶ 그 식물의 이름은 무엇인가?	(C) 그것은 'vegetable sheep'이다.
❷ 그 식물은 어떻게 생겼는가?	(A) 그것은 양처럼 보인다. 그것의 잎들은 양털처럼 보인다.
❸ 그 식물을 어디서 찾을 수 있는가?	(D) 당신은 그것을 보통 높은 산에서 찾을 수 있다.
❹ 그 잎은 무엇을 하는가[어떤 역할을 하는가]?	(B) 여름에, 그것은 태양 광선을 반사한다.

❹ 나는 식물원에 있는 '가장 이상한 식물의 방'에 갔다. →

❶ 내가 방 안으로 들어갔을 때, 나는 놀랐다. 안에 양 한 마리가 있었다. →

❷ 그것은 양이 아니었다. 그것은 사실 식물이었다. 그것의 잎들은 양털처럼 보였다. →

❸ 나는 그 식물에 대해 더 읽어 보았다. 그 잎들은 겨울에 눈으로부터 보호하는 역할을 한다.

끊어서 읽기

일기에게,
¹Dear Diary,

오늘 나는 현장 학습을 갔다 / 식물원에. 식물원에서, / 우리는 맨 먼저
²Today I went on a field trip / to a botanical garden. ³In the garden, / we first

갔다 / '가장 이상한 식물의 방'에.
went / to "The Strangest Plants Room."

내가 안으로 들어갔을 때, // 나는 놀랐다. 양 한 마리가 있었다! 하지만 그것은 사실 식물이었다.
⁴When I walked in, // I was surprised. ⁵There was a sheep! ⁶But it was actually

그것의 이름은 'vegetable sheep'이었다. 그것의 잎들은 양털처럼 보였다. 나는 멈췄다 /
a plant. ⁷Its name was "vegetable sheep." ⁸Its leaves looked like wool. ⁹I stopped /

좀 더 읽기 위해서 / 그것에 대해.
to read more / about it.

vegetable sheep은 보통 산다 / 높은 산에. 높은 산에서 생존하는 것은
¹⁰Vegetable sheep usually live / in high mountains. ¹¹Surviving in high mountains

/ 매우 힘들다, // 그러나 vegetable sheep은 그것을 한다 / 그들만의 방법으로. 겨울에는, /
/ is very tough, // but vegetable sheep do it / in their own way. ¹²In winter, /

그것의 잎들은 보호하는 역할을 한다 / 눈으로부터 / 담요처럼. 여름에는, /
their leaves work as protection / from snow, / like a blanket. ¹³In summer, /

그것의 회색 잎들이 반사한다 / 태양 광선을. 정말 놀라운 식물이다!
their gray leaves reflect / the sun's rays. ¹⁴What an amazing plant!

우리말 해석

정원 속 한 마리 양
¹일기에게,

²오늘 나는 식물원에 현장 학습을 갔어. ³식물원에서 우리는 맨 먼저 '가장 이상한 식물의 방'에 갔지.

⁴안으로 들어갔을 때, 나는 놀랐어. ⁵양 한 마리가 있지 뭐야! ⁶하지만 그것은 사실 식물이었어. ⁷그것의 이름은 'vegetable sheep'이었어. ⁸그것의 잎들은 양털처럼 보였어. ⁹나는 그것에 대해 더 읽기 위해서 멈췄어.

¹⁰vegetable sheep은 보통 높은 산에서 살아. ¹¹높은 산에서 생존하는 것은 매우 힘들지만, vegetable sheep은 자신만의 방법으로 그것을 해내고 있어. ¹²겨울에는, 그것의 잎들이 담요처럼 눈으로부터 보호하는 역할을 해. ¹³여름에는, 그것의 회색 잎들이 태양 광선을 반사하지. ¹⁴정말 놀라운 식물이야!

🌿 주요 문장 분석하기

⁹I stopped **to read** more about it.
주어　동사　　　　　부사

→ to read는 '읽기 위해서'라고 해석하며, 동사 stopped의 목적을 나타낸다.

¹¹**Surviving** in high mountains **is** very tough, ***but*** vegetable sheep do it in their own way.
　　주어1　　　　　　동사1　보어1　　　　　주어2　　　동사2 목적어2

→ Surviving은 「동사원형＋-ing」의 형태로, 문장의 주어이므로 '생존하는 것은'이라고 해석하며 단수동사 is가 온다.

→ but으로 두 개의 문장이 연결되었다.

¹⁴What an amazing plant (it is)!
　　　　　보어　　　　　주어 동사

→ 「What a(n)＋형용사＋명사(＋주어＋동사)!」의 형태로, '정말 ~이구나[하구나]!'의 의미인 감탄문이다.

→ 명사 뒤에 오는 주어와 동사는 생략할 수 있다.

왓츠
리딩
What's Reading

Words

90 B

· 정답과 해설 ·
WORKBOOK

CHAPTER 1

Literature

01 Making a New Book

p.2

A 1 writing   2 word
   3 idea   4 Write
   5 quiet   6 fix
   7 look at

B 1 O: It, <u>needs</u>
   2 O: I, <u>send</u>
   3 O: I, <u>stay</u>, <u>write</u>
   4 O: The editor and I, <u>fix</u>

C 1 there are many words on paper
   2 I am not usually happy with them
   3 The editor sends the story to an illustrator
   4 My story is ready to become a book

02 What Is Fiction?

p.4

A 1 event   2 beginning
   3 main   4 end
   5 fight   6 let
   7 connect   8 make

B 1 O: A plot, <u>is</u>
   2 O: These events, <u>connect</u>
   3 O: Cinderella, <u>doesn't meet</u>
   4 O: Cinderella's stepmother, <u>makes</u>

C 1 A writer creates a story with imagination

2 The fight between the hero and the enemy
3 The prince uses the glass shoe, to find Cinderella
4 All these events lead her to marry the prince

03 An Interview with Marley

p.6

A 1 culture   2 something
   3 special   4 a few
   5 notice   6 change
   7 easily

B 1 O: We, <u>found</u>
   2 O: we, <u>have</u>
   3 O: The campaign, <u>changed</u>
   4 O: we, <u>can find</u>

C 1 I noticed something wrong about the books
   2 Most of the books were about white boys and dogs
   3 The main characters didn't look like me
   4 with black girls as main characters

04 See New Worlds

p.8

A 1 feelings   2 useful
   3 give   4 through
   5 helpful   6 fear
   7 interest   8 help

B 1 O: We, <u>see</u>

2 O: fiction, <u>contains</u>

3 O: We, <u>can feel</u>

4 O: Nonfiction, fiction, <u>gives</u>, <u>is</u>

C 1 We choose books about our interests

2 We become a character from the book

3 see new worlds and grow our minds

4 Those feelings make our lives richer

• CHAPTER 2 •

Plants
pp.10 ~ 17

01 A Garden in the Classroom

p.10

A 1 miss   2 plant

3 top   4 grow

5 gardener   6 put

7 garden

B 1 O: They, <u>planted</u>

2 O: Emily, <u>started</u>

3 O: Sophia, <u>was</u>, <u>missed</u>

4 O: Sophia, Emily, <u>did</u>, <u>didn't</u>

C 1 the seeds started to grow

2 Sophia's plant was a little bigger than Emily's

3 Emily felt sorry for Sophia and Sophia's plant

4 Emily was the best gardener in class

02 Food for Plants

p.12

A 1 Finally   2 need

3 tiny   4 hole

5 energy   6 sunlight

7 call

B 1 O: They, <u>make</u>

2 O: Oxygen, <u>leaves</u>

3 O: Scientists, <u>call</u>

4 O: They, <u>use</u>

C 1 plants need energy from sunlight

2 Where do plants make their food

3 It goes into the tiny holes in leaves

4 Plants start to make food and oxygen

03 God and a Baobab Tree

p.14

A 1 Pull   2 throw

3 without   4 save

5 enough   6 rain

7 easy

B 1 O: It, <u>became</u>

2 O: The tree, <u>lived</u>

3 O: God, <u>heard</u>, <u>became</u>

4 O: The tree, <u>would use</u>, <u>save</u>

C 1 it could live without water

2 He threw the tree in a very dry place

3 because it only rained once a year

4 The tree made holes in itself

04 A Strange Tree

p.16

A 1 look like   2 happen
3 survive   4 often
5 strange   6 way
7 season

B 1 O: Baobab trees, look
2 O: the trees, have
3 O: Photosynthesis, happens
4 O: the trees, can survive, make, grow

C 1 Their branches at the top look like roots
2 The trees have leaves for only three months
3 The trees use the water inside their trunks
4 The trunk can save about 120,000 liters of water

• CHAPTER 3 •
Energy   pp.18 ~ 25

01 Energy around Us

p.18

A 1 kind   2 fuel
3 heat   4 impossible
5 fly   6 move
7 cook   8 everywhere

B 1 O: Plants and animals, grow
2 O: we, can stay, cook
3 O: The energy from wind, can fly, make
4 O: Our body, we, needs, get

C 1 Seeing energy with our eyes is impossible
2 Energy is in different forms
3 Energy can also come from fire
4 Food is like fuel for our body

02 A Small Change

p.20

A 1 go out   2 Nobody
3 drive   4 Bright
5 huge   6 used
7 small

B 1 O: his house, was
2 O: Our island, we, may be, can make
3 O: He, nobody, talked, listened
4 O: Grown-ups, children, drive, ride

C 1 we didn't think about energy
2 He wanted to make our own energy
3 everyone started listening to him
4 Others make fuel oil from their crops

03 The Power to Be Warm

p.22

A 1 keep   2 flow
3 object   4 area
5 cool   6 warm up

7 hot

B 1 O: A heater, <u>keeps</u>

　2 O: The heat, <u>cooks</u>

　3 O: the word, <u>means</u>

　4 O: They, <u>get</u>, <u>make</u>

C 1 The word "heat" means hot weather

　2 It is the flow of energy

　3 And we use hot water for a bath

　4 Hot water can warm up our bodies

04 Muffins in the Oven

p.24

A 1 bottom　　　2 Turn on

　3 breakfast　　4 leave

　5 bread　　　6 set

　7 smell　　　8 side

B 1 O: He, <u>put</u>

　2 O: The muffins, <u>smelled</u>

　3 O: It, <u>will cook</u>

　4 O: Kate and Larry, <u>watched</u>

C 1 Larry wanted toast for breakfast

　2 You left the bread in the toaster

　3 She put the muffin batter into a metal pan

　4 the heat goes all around the muffins

01 Niagara Falls

p.26

A 1 poison　　　2 believe

　3 villagers　　4 warn

　5 never　　　6 find out

　7 giant　　　8 village

B 1 O: They, <u>sent</u>

　2 O: A giant snake, <u>poisons</u>

　3 O: She, <u>met</u>, <u>asked</u>

　4 O: The daughter, <u>found out</u>

C 1 Some of them believed, the Thunder God was angry

　2 They sent a beautiful woman down the river

　3 The daughter appeared as a spirit

　4 She warned them about the snake

02 Travel to Dark Places

p.28

A 1 travel　　　2 learn

　3 remember　　4 open

　5 famous　　　6 shocked

　7 reason

B 1 O: Others, <u>travel</u>

　2 O: Some of us, <u>travel</u>

　3 O: Many of them, <u>get</u>

　4 O: Many people from Europe, <u>died</u>

C 1 Dark tourism is travel to dark places

2 the camp is open to visitors

3 New York is famous for dark tourism

4 The city built museums, to remember the victims

C 1 What is special about the Sea of Stars

2 when it is stressed

3 The sea looks like it's full of stars

4 no one can tell when or where

03 Family Trip to Guam

p.30

A 1 get to 2 instead

3 stay 4 go on

5 beach 6 close

7 last

B 1 O: We, <u>saw</u>

2 O: we, <u>went</u>

3 O: My parents, <u>relaxed</u>

4 O: My brother and I, <u>swam</u>

C 1 We saw many sea animals there

2 We bought many gifts for our friends

3 We also tried hamburgers and steak

4 We could easily get to the beach from our hotel

04 The Sea of Stars

p.32

A 1 for sure 2 hope

3 glow 4 wonderful

5 light 6 tourist

7 light up

B 1 O: Nothing, <u>is</u>

2 O: The world, <u>is</u>

3 O: Tourists, <u>visit</u>, <u>hope</u>

4 O: The time and location, <u>change</u>

• CHAPTER 5 •

Unique pp.34 ~ 41

01 Two Becomes One

p.34

A 1 create 2 Mix

3 hit 4 part

5 point 6 round

7 unique

B 1 O: Chessboxing, <u>is</u>

2 O: You, <u>can play</u>

3 O: Another unique sport, <u>is</u>

4 O: It, you, <u>is</u>, <u>play</u>

C 1 People mix two sports and create a new one

2 They can hit the ball

3 They send the ball to the other side

4 There are eleven rounds in total

02 A Colorful Festival

p.36

A 1 fun 2 exciting

3 paints 4 street

5 festival   6 wait

7 shout

B 1 O: Holi, <u>was</u>

2 O: My sister and I, <u>waited</u>

3 O: People, <u>rub</u>

4 O: We, <u>got</u>, <u>went</u>

C 1 We threw balloons and shot water guns

2 The balloons were filled with paints

3 We danced and sang with the people

4 They came from all over the world for this festival

03   Wild Places

p.38

A 1 view   2 adventure

3 is made of   4 dangerous

5 enjoy   6 climb

7 like

B 1 O: An adventure, <u>is</u>

2 O: You, <u>will enjoy</u>

3 O: Animals like squirrel monkeys, <u>visit</u>

4 O: You, <u>have to climb</u>

C 1 Your hotel can be a part of your adventure

2 You can sleep in an igloo, under the sky

3 The ones in Finland, are made of glass

4 They keep you safe from the outside

04   A Sheep in the Garden

p.40

A 1 amazing   2 do

3 work   4 stop

5 usually   6 first

7 wool   8 protection

B 1 O: it, <u>was</u>

2 O: Its name, <u>was</u>

3 O: Vegetable sheep, <u>live</u>

4 O: their gray leaves, <u>reflect</u>

C 1 I went on a field trip

2 Its leaves looked like wool

3 Surviving in high mountains is tough

4 Their leaves work as protection from snow

왓츠리딩

What's Reading

한눈에 보는
왓츠 Reading 시리즈

70 A|B

80 A|B

90 A|B

100 A|B

1 체계적인 학습을 위한 시리즈 및 난이도 구성
2 재미있는 픽션과 유익한 논픽션 50:50 구성
3 이해력과 응용력을 향상시키는 다양한 활동 수록
4 지문마다 제공되는 추가 어휘 학습
5 워크북과 부가자료로 완벽한 복습 가능
6 학습에 편리한 차별화된 모바일 음원 재생 서비스
   → 지문, 어휘 MP3 파일 제공

단계	단어 수 (Words)	Lexile 지수
70 A	60 ~ 80	200-400L
70 B	60 ~ 80	
80 A	70 ~ 90	300-500L
80 B	70 ~ 90	
90 A	80 ~ 110	400-600L
90 B	80 ~ 110	
100 A	90 ~ 120	500-700L
100 B	90 ~ 120	

* Lexile(렉사일) 지수는 미국 교육 연구 기관 MetaMetrics에서 개발한 독서능력 평가지수로, 미국에서 가장 공신력 있는 지수로 활용되고 있습니다.

READING RELAY 한 권으로
영어를 공부하며 국·수·사·과까지 5과목 정복!

리딩릴레이 시리즈

1 각 챕터마다 주요 교과목으로 지문 구성!

우리말 지문으로 배경지식을 읽고, 관련된 영문 지문으로 독해력 키우기

중2 사회 교과서 中 해수면 상승과 관련 지문	리딩릴레이 Master 2권 해수면 상승 지문
2 기후 변화는 인간 생활에 어떤 영향을 미칠까?	According to researchers, the Mald...

배경지식 연계 → **타과목 연계 목차**

Chapter 01	중학 역사1
초콜릿 음료	신항로 개척과 대서양 무역의 확대
	고등 세계사 - 문명의 성립과 통일 제
Chapter 02	중학 국어
	세상의 안과 밖
	고등 통합사회 - 세계의 다양한 문화
Chapter 03	중학 사회1
적도와 가까운 도시 Quito	자연으로 떠나는 여행
	고등 세계지리 - 세계의 다양한 자연

2 학년별로 국/영문의 비중을 다르게!

지시문 & 선택지 기준

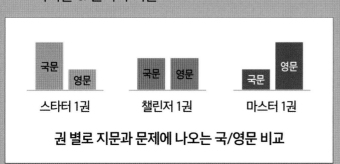

스타터 1권   챌린저 1권   마스터 1권

권 별로 지문과 문제에 나오는 국/영문 비교

3 교육부 지정 필수 어휘 수록!

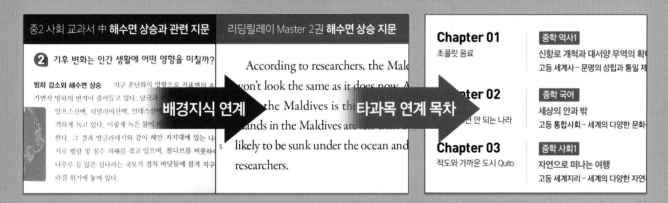

교육부 지정 중학 필수 어휘

genius	명 1. **천재** 2. 천부의 재능
slip	동 1. **미끄러지다** 2. 빠져나가다
compose	동 1. 구성하다, ~의 일부를 이루다 2. 3. 작곡하다
	형 (현재) 살아 있는

쎄듀 초·중등 커리큘럼

초등

영역	예비초	초1	초2	초3	초4	초5	초6
구문		천일문 365 일력 | 초1~3 | 교육부 지정 초등 필수 영어 문장		초등코치 천일문 SENTENCE 1001개 통문장 암기로 완성하는 초등 영어의 기초			
문법					초등코치 천일문 GRAMMAR 1001개 예문으로 배우는 초등 영문법		
			왓츠 Grammar			Start (초등 기초 영문법) / Plus (초등 영문법 마무리)	
독해				왓츠 리딩 70 / 80 / 90 / 100 A / B 쉽고 재미있게 완성되는 영어 독해력			
어휘			초등코치 천일문 VOCA&STORY 1001개의 초등 필수 어휘와 짧은 스토리				
		패턴으로 말하는 초등 필수 영단어 1 / 2		문장 패턴으로 완성하는 초등 필수 영단어			
ELT	Oh! My PHONICS 1 / 2 / 3 / 4		유·초등학생을 위한 첫 영어 파닉스				
		Oh! My SPEAKING 1 / 2 / 3 / 4 / 5 / 6 핵심 문장 패턴으로 더욱 쉬운 영어 말하기					
		Oh! My GRAMMAR 1 / 2 / 3	쓰기로 완성하는 첫 초등 영문법				

중등

영역	예비중	중1	중2	중3
구문		천일문 STARTER 1 / 2		중등 필수 구문 & 문법 총정리
문법		천일문 GRAMMAR LEVEL 1 / 2 / 3		예문 중심 문법 기본서
		GRAMMAR Q Starter 1, 2 / Intermediate 1, 2 / Advanced 1, 2		학기별 문법 기본서
		잘 풀리는 영문법 1 / 2 / 3		문제 중심 문법 적용서
		GRAMMAR PIC 1 / 2 / 3 / 4		이해가 쉬운 도식화된 문법서
			1센치 영문법	1권으로 핵심 문법 정리
문법+어법			첫단추 BASIC 문법·어법편 1 / 2	문법·어법의 기초
문법+쓰기	EGU 영단어&품사 / 문장 형식 / 동사 써먹기 / 문법 써먹기 / 구문 써먹기			서술형 기초 세우기와 문법 다지기
				올씀 1 기본 문장 PATTERN 내신 서술형 기본 문장 학습
쓰기	거침없이 Writing LEVEL 1 / 2 / 3			중등 교과서 내신 기출 서술형
		중학 영어 쓰작 1 / 2 / 3		중등 교과서 패턴 드릴 서술형
어휘	신간 천일문 VOCA 중등 스타트/필수/마스터			2800개 중등 3개년 필수 어휘
		어휘끝 중학 필수편	중학 필수어휘 1000개	어휘끝 중학 마스터편 고난도 중학어휘 +고등기초 어휘 1000개
독해	신간 ReadingGraphy LEVEL 1 / 2 / 3 / 4			중등 필수 구문까지 잡는 흥미로운 소재 독해
		Reading Relay Starter 1, 2 / Challenger 1, 2 / Master 1, 2		타교과 연계 배경 지식 독해
		READING Q Starter 1, 2 / Intermediate 1, 2 / Advanced 1, 2		예측/추론/요약 사고력 독해
독해전략			리딩 플랫폼 1 / 2 / 3	논픽션 지문 독해
독해유형			Reading 16 LEVEL 1 / 2 / 3	수능 유형 맛보기 + 내신 대비
			첫단추 BASIC 독해편 1 / 2	수능 유형 독해 입문
듣기	Listening Q 유형편 / 1 / 2 / 3			유형별 듣기 전략 및 실전 대비
		쎄듀 빠르게 중학영어듣기 모의고사 1 / 2 / 3		교육청 듣기평가 대비

Words
90 B

What's Reading

김기훈 ㅣ 쎄듀 영어교육연구센터

단어 암기장

쎄듀

왓츠
리딩
What's Reading

Words

90 B

· 단어 암기장 ·

1 Literature

01 Making a New Book

pp.14 ~ 17

☐ **idea** [idéɑ]   명 생각, 아이디어

☐ **quiet** [kwáiət]   형 조용한

☐ **write** [rait]   동 (글을) 쓰다
wrote

☐ **writing** [ráitiŋ]   명 (글을) 쓰기, 집필

☐ **word** [wəːrd]   명 단어

☐ **look at**   ~을 보다, ~을 자세히 살펴보다
looked at

☐ **fix** [fiks]   동 고치다, 수리하다
fixed

☐ **place** [pleis]   장소, 곳

☐ **stay** [stei]   머무르다

☐ **all day long**   하루 종일

☐ **soon** [suːn]   곧

☐ **paper** [péipər]   종이

☐ **usually** [júːʒuəli]	보통
☐ **happy** [hǽpi]	만족스러운
☐ **again and again**	몇 번이고
☐ **send** [send]	보내다
☐ **story** [stɔ́ːri]	이야기
☐ **editor** [édɪtər]	편집자 ((여러 재료를 모아 엮어 책을 만드는 사람))
☐ **like** [laik]	～와 비슷한
☐ **together** [təgéðər]	함께
☐ **done** [dʌn]	끝난, 마친
☐ **illustrator** [íləstrèitər]	삽화가
☐ **picture** [píktʃər]	그림, 삽화
☐ **work** [wəːrk]	작품, 작업

☐ **main** [mein]   혱 주요한, 주된

☐ **fight** [fait]   몡 싸움

☐ **event** [ivént]   몡 사건

☐ **connect** [kənékt]
connected   동 연결되다, 이어지다

☐ **connect with**
connected with   ~와 연결되다

☐ **beginning** [bigíniŋ]   몡 처음, 시작

☐ **in the beginning**   처음에

☐ **make** [meik]
made   동 (~가) 하도록 하다, 만들다

☐ **make A B**
made A B   A가 B하도록 하다

☐ **let** [let]
let   동 허락하다

☐ **let A B**
let A B   A가 B하도록 허락하다

☐ **end** [end]   몡 끝, (이야기의) 마지막, 결말

☐ **in the end**   마지막에, 결국

☐ **fiction** [fíkʃən]   소설

☐ **create** [kriéit]	만들어 내다
☐ **imagination** [imædʒənéiʃən]	상상력, 상상
☐ **call** [kɔːl]	~라고 부르다
☐ **different** [dífərənt]	여러 가지의
☐ **part** [pɑːrt]	요소; 부분
☐ **character** [kǽriktər]	등장인물
☐ **problem** [prábləm]	문제
☐ **hero** [hí(ː)ərou]	(남자) 주인공, 주요 인물
☐ **enemy** [énəmi]	적
☐ **a set of**	~의 한 조, 세트
☐ **one another**	서로
☐ **for example**	예를 들어
☐ **prince** [prins]	왕자
☐ **stepmother** [stépmʌðər]	계모
☐ **housework** [háuswərk]	집안일

□ **ball** [bɔːl] 무도회

□ **fairy godmother** (옛날이야기에서) 주인공을 돕는 요정

□ **lose** [luːz] 잃어버리다

□ **lead** [liːd] (어떤 결과로) 이끌다

□ **marry** [mǽri] ∼와 결혼하다

03 **An Interview with Marley** pp.22 ~ 25

□ **special** [spéʃəl] 혱 특별한

□ **notice** [nóutis]
  noticed 동 알아차리다

□ **something** [sʌ́mθiŋ] 대 어떤 것, 무엇인가

□ **a few** 몇, 약간의

□ **change** [tʃéindʒ]
  changed 동 변화시키다, 바꾸다

□ **easily** [íːzəli] 부 쉽게

□ **culture** [kʌ́ltʃər] 명 문화

□ **interview** [íntərvjùː] 인터뷰

☐ **interviewer** [íntərvjùər]	인터뷰 진행자
☐ **guest** [ɡest]	게스트, 특별 출연자
☐ **have** [hæv]	(손님 등으로) 초대하여 오게 하다
☐ **black** [blæk]	흑인의
☐ **amazing** [əméiziŋ]	놀라운
☐ **wrong** [rɔːŋ]	잘못된
☐ **most of**	~의 대부분
☐ **white** [wait]	백인의
☐ **look like**	~처럼 보이다
☐ **decide to** decided to	~하기로 결심하다
☐ **find** [faind] found	찾다
☐ **more than**	~ 이상, ~보다 많이
☐ **literature** [lítərətʃər]	문학

| ☐ **interest** [íntərèst] | 몡 관심사, 흥미 |

| ☐ **give** [giv] gave | 동 주다 |

| ☐ **useful** [júːsfəl] | 형 유용한, 쓸모 있는 |

| ☐ **helpful** [hélpfəl] | 형 도움이 되는 |

| ☐ **help** [help] helped | 동 돕다, 거들다 |

| ☐ **help A B** helped A B | A가 B하도록 돕다 |

| ☐ **through** [θruː] | 전 ~을 통하여 |

| ☐ **feeling** [fíːliŋ] | 몡 감정, 기분 |

| ☐ **fear** [fiər] | 몡 두려움, 공포 |

| ☐ **new** [njuː] | 새로운 |

| ☐ **world** [wəːrld] | 세계, 세상 |

| ☐ **choose** [tʃuːz] | 선택하다 |

| ☐ **often** [ɔ́(ː)fən] | 자주, 종종 |

| ☐ **sometimes** [sʌ́mtàimz] | 가끔 |

☐ **nonfiction** [nɑnfíkʃən]	논픽션
☐ **information** [ìnfərméiʃən]	정보
☐ **may** [mei]	~일지도 모른다
☐ **just** [dʒʌst]	그저, 단지
☐ **made-up**	지어낸
☐ **why** [wai]	(~한) 이유
☐ **put ~ in other people's shoes**	~가 다른 사람의 입장이 되다
☐ **grow** [grou]	기르다
☐ **mind** [maind]	생각, 사고방식
☐ **contain** [kəntéin]	담고 있다, 포함하다
☐ **human** [hjú:mən]	인간의
☐ **passion** [pǽʃən]	열정
☐ **jealousy** [dʒéləsi]	질투
☐ **rich** [ritʃ]	풍요로운

| 01 | A Garden in the Classroom | pp.32 ~ 35 |

☐ **garden** [gáːrdn] 명 정원

☐ **gardener** [gáːrdnər] 명 정원사

☐ **plant** [plænt] 동 (식물을) 심다 명 식물

☐ **grow** [grou]
grew
동 자라다

☐ **grow into**
grew into
자라서 ~이[가] 되다

☐ **put** [put]
put
동 놓다, 두다

☐ **top** [tɑːp] 명 맨 위

☐ **on top of** ~ 위에

☐ **miss** [mis]
missed
동 놓치다

☐ **miss school**
missed school
학교를 빠지다, 결석하다

☐ **same** [seim] 같은

☐ **do** [du]
did
하다

☐ **everything** [évriθìŋ]	모든 것
☐ **well** [wel]	잘
☐ **each** [iːtʃ]	각자의, 각각의
☐ **seed** [siːd]	씨앗
☐ **own** [oun]	자신의
☐ **pot** [pɑːt]	화분
☐ **take (good) care of**	~을 (잘) 돌보다
☐ **later** [léitər]	뒤에, 나중에
☐ **the best**	최고의, 가장 좋은
☐ **soil** [sɔil]	흙, 토양
☐ **soon** [suːn]	곧

02 Food for Plants

pp.36 ~ 39

| ☐ **need** [niːd]
needed | 통 필요로 하다, 필요하다 |
| ☐ **energy** [énərdʒi] | 명 에너지 |

☐ **sunlight** [sʌ́nlɑit]	몡 햇빛
☐ **call** [kɔːl] called	동 ~라고 부르다, 이름 짓다
☐ **call A B** called A B	A를 B라고 부르다
☐ **tiny** [táini]	혱 아주 작은
☐ **hole** [houl]	몡 구멍
☐ **finally** [fáinəli]	분 마지막으로
☐ **food** [fuːd]	(식물의) 양분, 비료
☐ **make** [meik]	만들다
☐ **also** [ɔ́ːlsou]	또한
☐ **water** [wɔ́ːtər]	물
☐ **air** [ɛər]	공기
☐ **process** [práses]	과정
☐ **leaf** [liːf]	나뭇잎
☐ **first** [fəːrst]	먼저
☐ **go into**	~에 들어가다

☐ **leave** [liːv]   떠나다

☐ **stay** [stei]   남다

---

03   **God and a Baobab Tree**   pp.40 ~ 43

☐ **enough** [ináf]   형 충분한, 필요한 만큼의

☐ **easy** [íːzi]   형 1. 편안한, 마음 편한
                          2. 쉬운, 수월한

☐ **without** [wiðáut]   전 ~ 없이, ~이 없는

☐ **pull** [pul]
    pulled   동 끌다, 당기다

☐ **pull out**
    pulled out   뽑다

☐ **throw** [θrou]
    threw   동 던지다

☐ **rain** [rein]
    rained   동 비가 오다

☐ **save** [seiv]
    saved   동 1. 저장하다 2. 구하다

☐ **baobab tree**   바오바브나무

☐ **life** [laif]   삶

☐ **think** [θiŋk]
    thought   생각하다

☐ **hear** [hiər] heard	듣다
☐ **once** [wʌns]	한 번
☐ **itself** [itsélf]	그 자신
☐ **get** [get] got	(~의 상태가) 되다
☐ **become** [bikʌ́m] became	~해지다, 되다
☐ **fat** [fæt]	뚱뚱한
☐ **fatter and fatter**	점점 더 뚱뚱한

04 A Strange Tree pp.44 ~ 47

☐ **strange** [streindʒ]	형 이상한
☐ **look like** looked like	~처럼 보이다
☐ **often** [ɔ́(:)fən]	부 종종, 자주
☐ **way** [wei]	명 방식, 방법
☐ **happen** [hǽpən] happened	동 (일, 사건이) 일어나다
☐ **season** [síːzn]	명 절기, 계절

☐ **survive** [sərváiv] survived	동 살아남다, 생존하다
☐ **a little**	약간, 조금
☐ **most** [moust]	대부분의
☐ **most of**	~의 대부분
☐ **branch** [bræntʃ]	나뭇가지
☐ **root** [ru:t]	뿌리
☐ **upside-down**	거꾸로 된
☐ **month** [mʌnθ]	달, 1개월
☐ **trunk** [trʌŋk]	(나무) 줄기
☐ **liter** [líːtər]	리터 ((부피의 단위))
☐ **during** [djúəriŋ]	~ 동안
☐ **dry** [drai]	건조한, 비가 오지 않는

CHAPTER
3 Energy

☐ **impossible** [impásəbl]　형 불가능한

☐ **everywhere** [évriwɛ̀ər]　부 어디에나, 어디에도

☐ **heat** [hi:t]　명 1. 열, 열기 2. 온도

☐ **kind** [kaind]　명 종류, 유형

☐ **kind of**　~의 종류

☐ **fly** [flai]
　flew　동 1. (연 등을) 날리다 2. 날다

☐ **cook** [kuk]
　cooked　동 요리하다, 요리되다

☐ **move** [mu:v]
　moved　동 1. 움직이다 2. 이동하다

☐ **fuel** [fjú(ː)əl]　명 연료

☐ **around** [əráund]　~ 주변에

☐ **with** [wið]　~로, ~를 이용하여; ~를 가진

☐ **different** [dífərənt]　여러 가지의; 다른

☐ **form** [fɔːrm] 형태

☐ **light** [lait] 빛

☐ **grow** [grou] 자라다, 성장하다

☐ **air** [ɛər] 공기

☐ **kite** [kɑit] 연

☐ **electricity** [ilektrísəti] 전기

☐ **also** [ɔ́ːlsou] 또한

☐ **come from** ~에서 나오다

☐ **stay** [stei] ~인 채로 있다

☐ **even** [íːvən] ~도

☐ **need** [niːd] 필요로 하다

☐ **like** [laik] ~와 같은

☐ **think** [θiŋk] 생각하다

☐ **small** [smɔːl]	형 작은
☐ **nobody** [nóubàdi]	대 아무도 ~ 않다
☐ **used** [juːzd]	형 사용된, 중고의
☐ **go out** went out	1. (불·전깃불이) 나가다, 꺼지다 2. 외출하다, 나가다
☐ **bright** [brait]	형 밝은
☐ **drive** [draiv] drove	동 (차를) 몰다, 운전하다
☐ **huge** [hjuːdʒ]	형 거대한, 엄청난
☐ **island** [áilənd]	섬
☐ **call A B**	A를 B라고 부르다
☐ **own** [oun]	직접 ~한
☐ **talk** [tɔːk] talked	이야기하다
☐ **listen** [lísən] listened	듣다, 귀를 기울이다
☐ **only** [óunli]	오직
☐ **mechanic** [məkǽnik]	기계공

☐ **put up** put up	(건물 등을) 세우다
☐ **power** [páuər]	전기; 에너지; 힘
☐ **crop** [krɑp]	농작물
☐ **grown-up** [gróunÀp]	어른
☐ **electric** [iléktrik]	전기의
☐ **ride** [raid]	타다
☐ **bicycle** [báisikl]	자전거
☐ **make a difference**	변화를 가져오다

03　The Power to Be Warm　　pp.58 ~ 61

☐ **hot** [hɑːt]	형 더운, 뜨거운
☐ **hotter**	더 뜨거운
☐ **cool** [kuːl]	형 시원한
☐ **cooler**	더 시원한
☐ **flow** [flou]	명 흐름

☐ **area** [έəriə]	명 부분, 구역
☐ **object** [ábdʒikt]	명 물체, 물건
☐ **keep** [ki:p] kept	동 유지하다, 계속 ~하게 하다
☐ **warm up** warmed up	따뜻하게 하다, 데우다
☐ **word** [wə:rd]	단어
☐ **often** [ɔ́(:)fən]	흔히, 보통
☐ **mean** [mi:n]	의미하다
☐ **weather** [wéðər]	날씨
☐ **together** [təgéðər]	함께, 같이
☐ **temperature** [témpərətʃər]	온도
☐ **place** [pleis]	장소, 곳
☐ **all around**	사방에
☐ **heater** [hi:tər]	난방기, 히터
☐ **bath** [bæθ]	목욕

☐ **breakfast** [brékfəst]　　명 아침식사

☐ **bread** [bred]　　명 빵

☐ **leave** [liːv]
left　　동 1. 그대로 두다　2. 떠나다

☐ **turn on**
turned on　　(전원을) 켜다

☐ **set** [set]
set　　동 맞추다, 조절하다

☐ **bottom** [bátəm]　　명 바닥, 밑 부분

☐ **side** [said]　　명 옆, 옆면

☐ **smell** [smel]
smelled　　동 ~한 냄새가 나다

☐ **muffin** [mʌfin]　　머핀 ((컵 모양의 빵))

☐ **oven** [ʌvən]　　오븐

☐ **toast** [toust]　　토스트, 구운 빵

☐ **put** [put]
put　　놓다, 두다

☐ **put A into B**
put A into B　　A를 B 안에 넣다

☐ **put on**
put on　　~을 끼다

☐ **toaster** [tóustər]　　　　　토스터, 빵 굽는 기구

☐ **metal pan**　　　　　　　　금속 팬

☐ **medium** [mí:diəm]　　　　중간의

☐ **inside** [ìnsáid]　　　　　안으로, 안에

☐ **watch** [wɑtʃ]
watched　　　　　　　　　　지켜보다

☐ **gloves** [ɡlʌv]　　　　　　장갑

☐ **take out of**
took out of　　　　　　　　～에서 꺼내다

☐ **delicious** [dilíʃəs]　　　　맛있는

01 Niagara Falls pp.68 ~ 71

☐ **village** [vílidʒ]　　　명 마을

☐ **villager** [vílidʒər]　　　명 마을 사람

☐ **believe** [bilíːv]
believed　　　동 믿다

☐ **giant** [dʒáiənt]　　　형 거대한

☐ **poison** [pɔ́izən]
poisoned　　　동 독을 넣다

☐ **find out**
found out　　　알아내다, 발견하다

☐ **warn** [wɔːrn]
warned　　　동 경고하다

☐ **never** [névər]　　　부 절대 ~ 않다

☐ **falls** [fɔːlz]　　　폭포

☐ **die** [dai]
died　　　죽다

☐ **thunder god**　　　천둥신

☐ **send** [send]
sent　　　보내다

☐ **send A down B** sent A down B	A를 B로 내려보내다
☐ **please** [pliːz]	기쁘게 하다, 만족시키다
☐ **several** [sévərəl]	몇몇의
☐ **chief** [tʃiːf]	족장, 우두머리
☐ **daughter** [dɔ́ːtər]	딸
☐ **son** [sʌn]	아들
☐ **fall into** fell into	~에 빠지다
☐ **meet** [miːt] met	만나다
☐ **people** [píːpl]	백성; 사람들
☐ **answer** [ǽnsər] answered	대답하다
☐ **poisonous** [pɔ́izənəs]	독이 있는
☐ **appear** [əpíər] appeared	나타나다
☐ **spirit** [spírit]	영혼

☐ **travel** [trǽvəl]
traveled
동 여행하다   명 여행

☐ **reason** [ríːzən]
명 이유

☐ **learn** [ləːrn]
learned
동 배우다

☐ **open** [óupən]
형 개방된, 열린

☐ **shocked** [ʃɑkt]
형 충격을 받은, 너무 놀란

☐ **famous** [féiməs]
형 유명한

☐ **famous for**
~로 유명한

☐ **remember** [rimémbər]
remembered
동 기억하다

☐ **dark** [dɑːrk]
암울한, 음울한

☐ **different** [dífərənt]
다양한

☐ **relax** [rilǽks]
relaxed
휴식을 취하다

☐ **history** [hístəri]
역사

☐ **tourism** [turizəm]
관광

☐ **death** [deθ]
죽음

☐ **pain** [pein]   아픔, 고통

☐ **visit** [vízit]   방문하다

☐ **visitor** [vízitər]   방문객

☐ **during** [djúəriŋ]   ~ 동안

☐ **World War II**   제2차 세계대전

☐ **nail** [neil]   손톱

☐ **hair** [hɛər]   머리(털)

☐ **victim** [víktim]   희생자

☐ **New York**   뉴욕

☐ **terrorist attack**   테러 공격

☐ **build** [bild]
built   짓다

☐ **museum** [mju(:)zí(:)əm]   박물관

☐ **stay** [stei]
stayed

동 머물다, 묵다

☐ **go on**
went on

~하러 가다, 떠나다

☐ **close** [klous]

부 가까이

☐ **up close**

바로 가까이에(서)

☐ **last** [læst]

형 1. 마지막의, 끝의
2. 지난, 바로 전의

☐ **get to**
got to

~에 도착하다

☐ **beach** [biːtʃ]

명 해변, 바닷가

☐ **instead** [instéd]

부 대신에

☐ **trip** [trip]

여행

☐ **December** [disémbər]

12월

☐ **location** [loukéiʃən]

위치, 장소

☐ **dolphin** [dɑ́ːlfin]

돌고래

☐ **cruise** [kruːz]

유람선 여행, 크루즈

☐ **go shopping**
went shopping

쇼핑하러 가다

☐ **buy** [bai]
bought

사다

☐ **barbecue** [bὰːrbikjùː]

바비큐

☐ **a lot of**

많은

☐ **seafood** [síːfuːd]

해산물

☐ **try** [trai]
tried

먹어 보다

☐ **steak** [steik]

스테이크

☐ **easily** [íːzəli]

쉽게

☐ **swim** [swim]
swam

수영하다

☐ **sunset** [sʌ́nsèt]

일몰, 저녁노을

04 The Sea of Stars pp.80 ~ 83

☐ **wonderful** [wʌ́ndərfəl]

형 멋진, 놀랄 만한

☐ **tourist** [túərist]

명 관광객

☐ **hope** [houp]
hoped

동 바라다, 희망하다

☐ **glow** [glou] glowed	통 빛나다, 빛을 내다
☐ **light** [lait]	명 빛
☐ **light up** lit up	빛이 나다
☐ **for sure**	확실히, 틀림없이
☐ **full of**	~으로 가득 찬
☐ **wild** [waild]	자연 그대로의
☐ **special** [spéʃəl]	특별한
☐ **dark** [dɑ:rk]	어둠
☐ **millions of**	수백만의
☐ **type** [taip]	종류
☐ **stressed** [strest]	스트레스를 받은
☐ **look like**	~처럼 보이다
☐ **no one**	아무도 ~ 않다
☐ **nothing** [nʌ́θiŋ]	아무것도 ~아니다
☐ **right** [rait]	알맞은

☐ **conditions** [kəndíʃəns]   (주위의) 환경, 상황

☐ **change** [tʃeindʒ]   변하다

☐ **often** [ɔ́(ː)fən]   자주, 종종

☐ **nature** [néitʃər]   자연

01   Two Becomes One   pp.86 ~ 89

☐ **mix** [miks]
mixed   图 섞다

☐ **create** [kriéit]
created   图 만들어 내다

☐ **hit** [hit]
hit   图 치다, 때리다

☐ **part** [pɑːrt]   圀 부분, 부위

☐ **point** [pɔint]   圀 점수

☐ **unique** [juːníːk]   웹 독특한, 특이한

☐ **round** [raund]   圀 (경기의) 회, 라운드   웹 원형의, 둥근

☐ **sometimes** [sʌ́mtàimz]   때때로

☐ **similar to**   ~와 비슷한

☐ **volleyball** [vɑ́ːlibɔ̀ːl]   배구

☐ **each** [iːtʃ]   각각의, 각자의

☐ **player** [pléiər]   선수

□ **up to**	～까지
□ **send** [send]	보내다
□ **other side**	반대쪽
□ **another** [ənʌ́ðər]	또 하나의
□ **thinking** [θìŋkiŋ]	생각하는
□ **at the same time**	동시에
□ **in total**	총, 통틀어
□ **box** [bɑ:ks]	권투를 하다
□ **popular** [pɑ́pjələr]	인기 있는

02 **A Colorful Festival** pp.90 ~ 93

□ **wait** [weit] waited	동 기다리다
□ **wait for** waited for	～을 기다리다
□ **exciting** [iksáitiŋ]	형 신나는
□ **the most exciting**	가장 신나는

☐ **festival** [féstivəl]	명 축제, 페스티벌
☐ **street** [striːt]	명 거리, 도로
☐ **paint** [peint]	명 물감
☐ **shout** [ʃaut] shouted	동 외치다, 소리치다
☐ **fun** [fʌn]	형 재미있는, 즐거운
☐ **colorful** [kʌ́lərfəl]	다채로운
☐ **rub** [rʌb]	문지르다
☐ **colored** [kʌ́lərd]	색깔이 있는
☐ **powder** [páudər]	가루
☐ **each other**	서로
☐ **were[was] gathered**	모였다
☐ **already** [ɔːlrédi]	이미
☐ **throw** [θrou] threw	던지다
☐ **balloon** [bəlúːn]	풍선
☐ **shoot** [ʃuːt] shot	(총을) 쏘다

☐ **water gun**　　　　　　　　물총

☐ **were[was] filled with**　　～로 가득 찼다

☐ **sing** [siŋ]
　 sang　　　　　　　　　　노래하다

03　**Wild Places**　　　　　　pp.94 ~ 97

☐ **adventure** [ədvéntʃər]　　명 모험

☐ **dangerous** [déindʒərəs]　형 위험한

☐ **be made of**　　　　　～로 만들어지다, 구성되다

☐ **enjoy** [indʒɔ́i]
　 enjoyed　　　　　　　　동 즐기다

☐ **view** [vju:]　　　　　　명 경관, 전망

☐ **like** [laik]　　　　　전 1. (예를 들어) ～와 같은
　　　　　　　　　　　　　　2. ～와 비슷한

☐ **climb** [klaim]
　 climbed　　　　　　　　동 올라가다, 오르다

☐ **wild** [waild]　　　　　자연 그대로의

☐ **wildlife** [waildlaif]　　야생동물

☐ **experience** [ikspíəriəns]　경험; 경험하다

☐ **hotel** [houtél]	호텔
☐ **part** [pɑːrt]	부분
☐ **igloo** [ígluː]	이글루
☐ **rainforest** [réinfɔ̀ːrist]	열대 우림
☐ **Finland** [fínlənd]	핀란드
☐ **glass** [glæs]	유리
☐ **great** [greit]	훌륭한
☐ **try** [trai]	시도하다
☐ **Peru** [pərúː]	페루
☐ **often** [ɔ́(ː)fən]	종종, 자주
☐ **have to**	~해야 한다
☐ **curtain** [kə́ːrtən]	커튼
☐ **instead of**	~ 대신에
☐ **window** [wíndou]	창문
☐ **keep A B**	A를 B하게 유지하다

☐ **safe** [seif]   안전한

☐ **outside** [àutsáid]   외부, 바깥

04 A Sheep in the Garden   pp.98 ~ 101

☐ **first** [fə:rst]   🄫 맨 먼저, 우선

☐ **wool** [wul]   🄜 양털, 털

☐ **stop** [stɑ:p]
stopped   🄓 멈추다, 중단하다

☐ **stop to**
stopped to   ~하기 위해 멈추다

☐ **usually** [jú:ʒuəli]   🄫 보통, 대개

☐ **do** [du]
did   🄓 하다

☐ **work** [wə:rk]
worked   🄓 작용하다

☐ **protection** [prətékʃən]   🄜 보호

☐ **amazing** [əméiziŋ]   🄪 놀라운

☐ **field trip**   현장 학습

☐ **strange** [streindʒ]   이상한

☐ **plant** [plænt]	식물
☐ **actually** [ǽktʃuəli]	사실은, 실제로
☐ **look like** looked like	~처럼 보이다
☐ **mountain** [máuntən]	산
☐ **survive** [sərváiv]	생존하다
☐ **tough** [tʌf]	힘든, 어려운
☐ **own** [oun]	자기 자신의
☐ **way** [wei]	방법, 방식
☐ **blanket** [blǽŋkit]	담요
☐ **gray** [grei]	회색의
☐ **reflect** [riflékt]	반사하다
☐ **ray** [rei]	광선

MEMO